MARKETING DE AFILIADOS FÁCIL
0 € A 10.000 € MENSUALES
GUÍA PARA PRINCIPIANTES 2021

Jack S. Hood
Europa 2021

Reservados todos los derechos

No se permite la reproducción total o parcial de esta obra, ni su incorporación a un sistema informático, ni su transmisión en cualquier forma o por cualquier medio (electrónico, mecánico, fotocopia, grabación u otros) sin autorización previa y por escrito de los titulares del copyright. La infracción de dichos derechos puede constituir un delito contra la propiedad intelectual.

Cláusula de exención de responsabilidad.

Mi abogado insiste que te comunique…
Tenga en cuenta que la información contenida en este documento es sólo para fines educativos y de entretenimiento.

Se han realizado todos los esfuerzos para presentar información precisa, actualizada y confiable. Ninguna garantía de ningún tipo está declarada o implícita. Los lectores reconocen que el autor no participa en la prestación de asesoramiento legal, financiero, o profesional.

El contenido de este libro ha sido derivado de varias fuentes. Consulte con un profesional con licencia antes de intentar cualquier técnica descrita en este libro. Leyendo este documento, está de acuerdo que bajo ninguna circunstancia el autor es responsable por alguna pérdida, directa o indirecta, que pueda incurrir como resultado del uso de la información contenida en este documento, incluyendo, pero no limitada a errores, omisiones o inexactitudes.

Bajo ninguna circunstancia se culpará o responsabilizará legalmente al editor, o al autor, por los daños, reparaciones, o pérdidas monetarias debidas a la información contenida en este libro. Directa o indirectamente.

Ninguna parte de este libro puede ser reproducida ni almacenada en un sistema de recuperación, ni transmitida de cualquier forma o por cualquier medio, electrónico, o de fotocopia, grabación o de cualquier otro modo, sin el permiso expreso del autor.

Índice

Qué es el Marketing de Afiliación. Sin tonterías	5
F.I.P.	8
Las 8 características que todo el mundo debería conocer del marketing de afiliación	11
Pros y contras del marketing de afiliación	19
Los 4 protagonistas del marketing de afiliación	22
1.- Comerciante	22
2.- Afiliado	25
3.- Cliente	27
4.- Las redes de afiliación	29
Qué es un nicho de mercado y cómo elegir	35
Los 5 aspectos clave que debes tener en cuenta para elegir nicho de mercado	36
Nicho de mercado. Demanda y competitividad	38
250 nichos de mercado	46
Cómo elegir el programa de afiliación. Las 7 claves para no fracasar	57
El precio justo	62
Cómo crear un sitio web de afiliados bueno, bonito y barato	65
El secreto: 2 X 10	78
Cómo atraer tráfico a tus links de afiliado. Los 15 métodos infalibles para conseguir 15.000 visitas gratis en 15 días.	80
Blogs que fracasan. Los tres errores más frecuentes y estúpidos que cometen. Cómo evitarlos	92
Descubre los 20 mejores programas de afiliación para principiantes que quieren pasar de 0€ a 10.000€ mensuales	94

Las 25 mejores webs de marketing de afiliación.
La número 15 es alucinante. Déjate inspirar   114

25 estimaciones de facturación.
Los resultados te llenarán de optimismo   141

Cómo hacer marketing de afiliación en redes sociales   148

La ruta del tesoro para lograr facturar 10.000 € mensuales.
Guía paso a paso. Check List   150

Hola. Soy Jack   154

Qué es el Marketing de Afiliación. Sin tonterías

*El marketing de afiliación ha permitido a Alex Goldberg y Healy Jones pasar de 0 € a 20.000 € mensuales de facturación con su sitio web de reseñas **FinvsFin.com**, en menos de 6 meses y con una inversión mínima*

El marketing de afiliación es un modelo de negocio que facilita obtener la **independencia financiera**, bye bye boss, sin apenas inversión, a través de recomendar productos y obtener, por ello, una comisión del comerciante.

Caso de éxito

El equipo fundador de **choosewheels.com** ha transformado su amor por el transporte eléctrico y ecológico en un modelo de negocio "sostenible" gracias al marketing de afiliados.

Proporcionan contenido de calidad y útil, de tipo:
- 5 mejores hoverboards / scooters auto equilibrados
- Las 10 mejores motocicletas eléctricas de 2020
- Las 7 mejores tablas de Segway de 2020
- Segway i2 frente a Segway x2: su comparación detallada
- ¿Cuánto cuesta cargar un coche eléctrico?

Monetizan con el programa de afiliados de **Amazon. Amazon Associates**. Este imperio del comercio electrónico les paga una comisión por cada venta obtenida fruto del tráfico remitido desde **choosewheels.com** a su web.

Los **tres aspectos** claves en el marketing de afiliación son:
1- Es un **modelo de emprendimiento digital**.
2- Permite al afiliado obtener una **comisión**. Un ingreso económico.
3- Fruto de **promocionar** los productos del comerciante, a través de ventas o de la realización de una determinada acción, como por ejemplo el registro en la web del comerciante.

Idea clave

Marketing de afiliación es una rama del marketing en línea que se basa en la consecución de determinados resultados o acciones.

Los afiliados (empresas, sitios web,...) se encargan de publicitar a los comerciantes (tiendas, anunciantes, proveedores de servicios) mediante la publicación de sus anuncios o promociones.

El afiliado obtiene un porcentaje de cada venta que se produce y que ha sido promocionada por él. A las empresas que patrocinan programas de afiliación este modelo de pago por éxito, les permite difundir su marca y sus productos e incrementar ventas, incurriendo en costes solo cuando éstas se producen.

El Marketing de Afiliación es un **modelo WIN-WIN.** Todo el mundo gana:

    A- Las empresas incurren en **gastos** publicitarios solo si **venden.**

    B- Los afiliados obtienen comisiones con una **inversión mínima**, sin necesidad de crear un producto.

Caso de éxito

www.younghouselove.com es un exitoso blog de decoración y bricolaje creado por **John** y **Sherry,** entusiastas de la decoración, el bricolaje y las reformas.

Tráfico mensual de la web: **400.000** visitas. **Monetizan** su web **asociados** como afiliados de los siguientes retailers:
- amazon.com
- homedepot.com
- worldmarket.com
- target.com
- serenaandlily.com
- wayfair.com.

Ejemplo de publicaciones de **Sherry** y **Jhon** en su web:

- Cómo almacenar todo en una cocina pequeña
- Cómo pintar un mural abstracto y colorido
- Cómo limpiar una alfombra de segunda mano sucia
- Herramientas necesarias y trucos para instalar uno mismo una cocina de Ikea

John y **Sherry** publican ideas y consejos de decoración. Narran sus experiencias sobre reformas y decoración, relatando los cerca de **3.000** proyectos e ideas decorativas que han acometido para dar una nueva vida a sus casas.

Promocionan productos que han utilizado en las obras y artículos de decoración.

Momento de actuar

¿Te gusta la decoración...? ¿Sí? ¡Sigue leyendo toda la guía y **actúa ya**! ¡El momento es ahora!

Puedes crear tu blog de decoración y reformas, como Sherry y Jhon. Monetizar con los programas de afiliación de Amazon y Lerroy Merlin.

Sigue leyendo y averiguaras cuánto ganarás (tasa de comisión, dónde inscribirte, cómo tener un blog por menos de 15€...)

Este libro es el manual que necesitas para empezar tu **imperio digital** basado en el Marketing de Afiliación y disfrutar de la vida que mereces, vivas en Madrid, Teruel, Chiapas o en Buffalo (Dakota del Sur, considerado el Condado más pobre de EEUU).

$ $ $ $ $

F.I.P.

Fuente de Ingresos Pasivos

El marketing de afiliados es una "Fuente de Ingresos Pasivos".

Te esfuerzas duro hoy. Obtienes ingresos mañana, la próxima semana, el próximo mes, los próximos meses y, actualizando el contenido percibirás jugosas rentas durante los siguientes años

Comparativa entre ingresos activos y pasivos:

Ingresos activos:
Es la manera tradicional de obtener **una renta de forma activa y regular** a través del desempeño profesional remunerado.
Ya sabes, lo típico de intercambiar horas de trabajo por un salario. Se trata del consabido empleo de 9:00 a 17:00 de toda la vida.

Ingresos pasivos:
El marketing de afiliación como fuente de ingresos pasivos consiste en emplear una serie de horas para **crear una "propiedad digital que les produzca rentas pasivas"**, es decir, una **web** con **contenido útil**, promocionando productos, aportando consejos, ideas, generando tráfico a la web del comerciante, conversiones y comisiones de afiliado.

Es lo que consiguen Jhon & Sherry con su blog younghouselove.com, publicando contenido valioso y útil para su audiencia. Eso sí, lo hacen cuando quieren, pueden o les da la gana.

Internet hace el resto, ya sabes, posicionamiento, visitas, tráfico dirigido a las webs de los comerciantes, ventas y comisiones. Durante los 7 días a la semana y 24 horas.

Todo ello sin que Sherry y Jhon tengan que estar constantemente delante del portátil.

> *Gracias a los **ingresos pasivos** Jhon y Sherry pueden estar tomando mojitos en su piscina de Florida, en Hawái o en Bombay.*
> *Su propiedad digital, conocida como **younghouselove.com**, junto a sus socios (Amazon, Home Depot, Target...) generan miles de $$$$$*

El marketing de afiliación es un generador de ingresos pasivos, como afiliado creas tu propiedad digital. Decides:

- Qué productos promocionar.
- Qué contenido creas.
- Genera tráfico a tu blog.
- Crea una comunidad.
- Remite visitas a la web del comerciante.
- Compras (conversión).
- Obtén comisiones (ingreso pasivo).

Al principio, en el arranque tienes que dedicar tiempo y esfuerzo, pero una vez lanzado tu sistema, tu **propiedad digital**, la dedicación necesaria baja, es mínima, solo labores de mantenimiento y actualización.

Idea clave

Esta **propiedad digital** produce beneficios las **24 horas del día**, durante los **7 días a la semana**, generando ingresos, sin necesidad de caer en el "presentismo" y tener que trabajar anclado al ordenador de 8:00 a 17:00.

Además, conforme se incrementa la facturación puedes externalizar tareas con colaboradores virtuales y poder dedicar el tiempo a nuevos proyectos que incrementen tus fuentes de ingresos pasivos. Más propiedades digitales, más nichos, más fuentes de ingresos.

¿No es maravilloso? En el marketing de afiliación, el contenido promocional generado en el pasado, produce ingresos en el futuro, de modo automático. Esta es la magia de los ingresos pasivos.

El marketing de afiliación es una máquina de fabricar dinero

Idea de negocio

¿Te gusta el mundo de la salud y la belleza? ¿Lo sigues? ¿Qué te parecería disfrutar creando una web, compartir contenido útil, de interés y monetizar con el programa de afiliados de **promofarma.com**?

Promofarma, es un marketplace de productos farmacéuticos con más de 45.000 productos en el catálogo y que agrupa más de 500 farmacias.

Comisiones. Con el programa la filiación de **promofarma** puedes obtener los siguientes **ingresos:**
- Comisión estándar. 0 - 100 ventas mensuales:
    - Cliente nuevo: **8,5%** - Cliente recurrente: **5%**
- Comisión a partir de la venta 101 mensual:
    - Cliente nuevo: **12%** - Cliente recurrente: **8,00**
- Comisión para webs de cupones: Comisión lineal de **5%**

Puedes obtener hasta el 12% de comisión por las ventas del tráfico enviado desde tu web, desde tus links de afiliado, a promofarma.com

Crea tu sitio online del sector de la salud, escribe artículos de tipo:
- Los 9 mejores Champús Anticaspa: ¿Cuál es el que mejor se adapta a tu tipo de pelo?
- Los 7 mejores protectores solares ecológicos y naturales
- Los 5 mejores champús sólidos y ecológicos
- Los 7 beneficios de la vitamina D obtenida del sol
- Las 5 mascarillas homologadas más seguras para tus hijas
- El TOP 5 de los mejores colágenos
- Las 4 mejores marcas de aloe vera ecológico para nutrir tu piel
- Los 7 mejores termómetros digitales de frente o pistola
- Los 9 mejores tensiómetros de muñeca.

$ $ $ $ $

Las 8 características que todo el mundo debería conocer del marketing de afiliación

Las 8 características que distinguen al marketing de afiliación y que debes conocer son:

Primera. Obtener un rendimiento sin tener que crear un producto.
El marketing de afiliados es un tipo de marketing basado en el rendimiento. El afiliado promociona un producto o un servicio de un comerciante, obtiene la comisión solo si se produce la venta.

En el siguiente cuadro vemos los porcentajes que paga **Amazon Associates** a sus afiliados por cada venta (2021):

Categoría de productos	Ingresos por comisiones estándar
Amazon Moda Ropa, zapatos, joyería, relojes, equipaje, las marcas privadas de Amazon moda (mujer, hombre, niños)	10 %
Handmade	10 %
Hogar Muebles, bricolaje, hogar, cocina y comedor, patio, césped y jardín, herramientas eléctricas y manuales	7 %
Consumibles Cerveza, vino y licores, alimentación, productos para mascotas bebé, belleza, salud y cuidado personal, aparatos de cuidado personal, suministros de papelería y oficina	6 %

Digital & media Libros, ebooks para Kindle, música, DVD y Blu-ray, videojuegos digitales, software, software digital, música digital, video digital	6 %
Hobbies y Coche Ocio al aire libre, juguetes y juegos, deportes y fitness, instrumentos musicales, coche y moto, productos de empresa e industria	6 %
Dispositivos Amazon Fire TV, dispositivos Kindle & Echo y accesorios	3 %
Electrónica e Informática Informática, electrónica, fotografía, gran electrodoméstico, entretenimiento del hogar, smartphones y telefonía móvil, videojuegos	3 %
Consolas de videojuegos	1 %
Resto de categorías (excepto cheques regalo)	3 %
Compras Prime Wardrobe, cheques regalo	0 %

Fuente: https://afiliados.amazon.es

El tema funciona de la siguiente manera: remitimos tráfico a la web de Amazon. Si no hay ventas **Amazon** no paga, en cambio, si se produce la transacción en las siguientes 24 horas desde que enviamos al usuario desde nuestra web al Marketplace (plazo de duración de la cookie), Amazon nos pagará el porcentaje que corresponde en función de la categoría del producto vendido, por ejemplo, si se trata de un artículo de...
- Joyería: 10%
- Amazon moda: 10%
- Muebles: 7%
- Mascotas: 6%
- Juguetes para los peques: 6%.

Segunda. Tipos de retribución en el marketing de afiliación
Existen distintos tipos de retribución en el marketing de afiliación, los principales son:
- **Comisión. Abono por éxito**

Es la retribución más **habitual** en el marketing de afiliación. El afiliado promueve los productos de un tercero, el comerciante. Cuando se produce la venta en la web del comerciante, el afiliado obtiene la comisión pactada. En este supuesto, el afiliado es un comisionista.

Yo vendo - Tú cobras. No vendo - No cobras.
Así de sencillo

Más del 90% de los programas de marketing de afiliación siguen este esquema.

— Promueve mis productos
Haz que venda y obtendrás tu comisión ...
Fdo. Los Comerciantes

Es un modelo de programa de afiliación basado en el **rendimiento** y **lograr resultados**.
- **Coste por Click. CPC**

El afiliado obtiene una remuneración por cada click obtenido en su web, en su blog o en sus redes sociales.
En este caso no es necesaria que se produzca la venta, únicamente la interacción. Es un programa de pago por desempeño.
- **Coste por acción. CPA**

El afiliado obtiene su remuneración cuando el usuario ejecuta la acción en la página de destino del comerciante, por ejemplo:
- Cuando un usuario se registra
- Cumplimenta un formulario
- Solicita un presupuesto
- Inscribe en una newsletter
- Proporciona su número de móvil
- Entrega otro tipo de información

Es decir, cuando el usuario ejecuta la acción pactada, el afiliado obtiene su retribución.

Ejemplos

Veamos varios **supuestos:**
- El **BBVA** abona a sus afiliados 35 € por cada registro y apertura de cuenta en BBVA online.
  Por ejemplo, un afiliado que promueve a través de su blog: mejoresproductosfinancieros.com, la cuenta online del BBVA, predicando sus virtudes, beneficios y ventajas, obtendrá 35 € por cada registro de interesado.
- **Younited Credit**. Abona una comisión por lead válido de 35€ por inscripción que solicita un crédito entre 1.000 y 40.000€
- **Raisin**. Plataforma de productos de ahorro, paga 60€ a sus afiliados por cada formulario cumplimentado.

Tercera. Tráfico. Generar y enviar
El afiliado exitoso es un **generador y gestor de tráfico:**
- **Consigue** visitas a su blog.
- Remite, a través de sus links de afiliado, tráfico al sitio web del comerciante.

El afiliado triunfador atrae y envía tráfico a la web del comerciante.
Un porcentaje de ese tráfico se traducirá en ventas (es la tasa de conversión) y proporcionará comisiones al afiliado

Existen diversas maneras de **generar tráfico** en el marketing de afiliación, diversos canales en los que publicitar nuestro valioso contenido y obtener visitas:

1.- Por el "Tipo de Tráfico" que podemos obtener en función del canal de procedencia.
El tráfico, las visitas, pueden llegar a través de distintas fuentes. Hay innumerables canales en los que publicar y difundir el contenido de valor y único. Los principales son:

- Post publicados en tu blog con información relevante para la comunidad que te sigue, es lo que llamamos Marketing de contenidos o Inbound Marketing.
- Vídeos en YouTube
- Webinars en directo
- Redes sociales
- Email marketing
- Plataforma de mensajería como whatsapp o telegram
- Enlaces de afiliación contenidos en un eBook, en un PDF en una presentación power point(...)
- Quizás desde un podcast...

Dedicaremos un capítulo específico a profundizar en este tema (Cómo obtener tráfico a tus links de afiliado. 15 métodos para conseguir visitas gratis)

2.- En función del "Coste de Adquisición" el tráfico puede ser:
❏ **Gratuito. Orgánico. SEO**

Los usuarios encuentran tu contenido a través de buscadores o van directamente a tu blog, porque te conocen y escriben el nombre directamente en el navegador.

Obtener tráfico orgánico requiere tiempo y conocer las técnicas de posicionamiento SEO. No es de un día para otro.

❏ **De pago. SEM**

El afiliado compra el tráfico, apuesta por acelerar su obtención a través de la inversión en publicidad. Consigue tráfico de forma rápida, lo adquiere.

En este caso, el emprendedor digital invierte dinero haciendo publicidad en redes sociales (Facebook, Instagram, YouTube...) o en buscadores (Google Adwords).

La **publicidad** acelerará la consecución de tus objetivos en el marketing de afiliación.

Idea clave
Cuando optas por comprar tráfico, por ejemplo en redes sociales (Facebook, Instagram, Twitter...) los resultados son inmediatos.

Cuarta. Crear contenido de valor y único
El afiliado exitoso es un constante generador de **contenido de valor** y **único** que comparte en su sitio web.
Quinta. Fundar una comunidad

El afiliado exitoso **crea una comunidad** de seguidores, de fieles apóstoles, de usuarios, de creyentes que gravitan alrededor del contenido del nicho y de los productos que promociona.

Por ejemplo, puedes crear y liderar comunidades tipo... :)
- www.I-loveHarleyDavidson.com
- www.Mireinoporunabicielectrica.com
- www.Runningsinfronteras.com

Cuanto más numerosa, potente e involucrada es la comunidad alrededor de tu blog y, numerosa la lista de suscriptores a la newsletter, seguidores en redes sociales (Youtube, Facebook, Instagram) o en cualquier otra plataforma en la que operes tu marketing de afiliación, mayores serán tus resultados económicos.

Comunidad potente. Cuenta de banco creciente :)

¿Significa que si no tengo una comunidad de seguidores no puedo hacer marketing de afiliación? No. Significa que tienes que planificar desde el primer día que empiezas en la industria del marketing de afiliación, qué contenido debes crear que se perciba de calidad, único, relevante, capaz de obtener seguidores y forjar una comunidad de creyentes.

Recuerda. Hazlo desde el Día 1. Minuto 1

¿Quieres acelerar el proceso? Compra tráfico. Invierte un puñado de euros en publicidad en las redes sociales (Facebook, Instagram...). Impulsa la creación de tu comunidad. Transforma unas monedas en Facebook, en contactos (direcciones de email) para incrementar el listado de suscriptores a tu newsletter y hacer email marketing.

Crear una comunidad es cuestión de:
1. **Esfuerzo y tiempo.** Creas contenido de valor y relevante. Buscas, aplicando técnicas SEO, que aparezca en las primeras posiciones en Google.
2. **Dinero.** Compras tráfico invirtiendo publicidad
3. **Compaginar ambas opciones.** Creas contenido único y además, inviertes en publicidad en las redes sociales.

Casos de éxito

Comunidades online creadas y monetizadas a través del Marketing de Afiliados:

- **sobredosruedas.net**
  Guías, análisis y recomendaciones de todo lo relacionado con la movilidad urbana sostenible.
- **hacercervezaartesanal.com**
  Todo lo relacionado con el mundo de la cerveza artesanal. Equipo, kits, ingredientes y recetas para elaborar cerveza artesanal
- **pasiondelmusico.com**
  Blog para ayudar a elegir, con análisis y comparativas, diferentes instrumentos musicales. Ukeleles, guitarras, micros, barras de música…

Sexta. Emprendimiento barato. Bajo coste

El marketing de afiliación es un tipo de emprendimiento digital que requiere de escasa inversión, puedes arrancar tu imperio de afiliación con un blog por **menos de 15€**. En este libro aprenderás cómo.

Incluso, hay productos de afiliación que puedes promocionar y obtener comisiones sin necesidad de tener un sitio web. 0€ de inversión.

Séptima. Escalable

El negocio de Marketing de Afiliación es escalable, no necesitas crear productos, solo requieres dotarte de una infraestructura y metodología para promocionar los productos.

Crea tu primer blog de nicho, promociona productos, afina el sistema y, cuando todo funcione, replica, crea otro blog, ataca otro nicho, vuelve a triunfar…, subcontrata tareas (externaliza), así una y otra vez, otra vez…

Idea clave
El marketing de afiliación es un modelo de negocio digital que permite pasar de cero € a un millón de € o la cantidad que quieras obtener, sin apenas inversión y escalable. Aprovéchalo

Octava. Lobo solitario o en manada
El marketing de afiliación es un tipo de emprendimiento que puedes acometer solo o en equipo.

Propuesta
Empieza solo y conforme incrementas la facturación, crea equipo, delega funciones, externaliza de tipo:
- Redactar contenido
- Gestionar la web (Webmaster), supervise el buen funcionamiento de tu Blog o blogs…
- Posicionar contenido (experto en SEO), para optimizar y aparecer primera página en Google

$ $ $ $ $

Pros y contras del marketing de afiliación

Veamos lo bueno y lo no tan bueno del marketing de afiliación. La cara y la cruz, el yin y el yang.

Pros. Aspectos a favor. Destacamos los siguientes beneficios del marketing de afiliación:
- **Mínima inversión.** Se trata de una forma de emprendimiento digital barato.
  Puedes empezar sin tener que invertir nada, promocionando productos de programas de afiliación que no requieren web, entre tus contactos en redes sociales.
  Requiere una inversión mínima, al alcance de cualquiera.
  Es un negocio basado en talento, no en músculo financiero.
- **Rapidez.** No necesitas crear productos para vender, solo recomendar y enviar tráfico a la web del comerciante a través de tus links de afiliación.
- **Sin dolores de cabeza.** La atención al cliente la realiza el comerciante, no el afiliado.
- Es un generador de **ingresos pasivos.** Siembras una vez (creas contenido relevante y único, please) y obtienes cosechas durante un largo período de tiempo.
- **Potencial de ingresos.** Puedes obtener tantos ingresos como desees, todo depende del esfuerzo que estés dispuesto a realizar.

Contras. Inconvenientes. Las desventajas o peligros a tener en cuenta son:
- **Usurpación de clientes.** Los datos de contacto de los usuarios acaban en poder del comerciante, no del afiliado que ha dirigido el tráfico a su web.

Se produce usurpación cuando el afiliado atrae tráfico a su blog, lo redirige al sitio del comerciante, allí se produce la venta, el comerciante captura los datos del cliente y continúa la relación solo entre comerciante y cliente, sin pagar comisiones nunca más al afiliado.

Antídoto: crea tu propia lista de suscriptores
La mejor vacuna para evitar esta situación, es que crees tu propio listado de suscriptores. Captura las direcciones de correo electrónico de tus usuarios para poder hacer email marketing. Ofrece promociones, entrega regalos, por ejemplo "descarga gratis el ebook…" a cambio de la dirección de email.

Con tu listado de suscriptores podrás contactar cuando quieras, a un golpe de click en… SEND…, mantienes el contacto, remites nuevo contenido valioso "impregnado sabiamente" de tus links de afiliado…

- **Caer en programas de afiliación fraudulentos**. En la elección del programa de afiliación debes ser cuidadoso. Investiga para evitar caer en redes fraudulentas, a veces internet es territorio de piratas que amparados en el anonimato se aprovechan de personas despistadas para robarles tiempo (esfuerzo sin rendimiento) y en el peor de los casos su dinero.

Idea clave
Nunca te inscribas en un programa de afiliación que solicita dinero al darte de alta. Probablemente es un engaño.

En muchas ocasiones detrás de esta solicitud hay una estafa piramidal, o delincuentes que quieren tener acceso a tus datos bancarios y hacer desaparecer el dinero que con tanto esfuerzo has ahorrado.

Antídoto. Colabora solo con programas y redes con excelente reputación, como **Amazon Associates, Booking, Aliexpress, Fiverr, Udemy, BBVA…**

Hay cientos y cientos de programas de afiliación gestionados por empresas serias, solventes y transparentes. No te compliques la vida. No pierdas tiempo y dinero. **Sé "sapiens".**
Idea de supervivencia…

Huye de las quimeras. No busques programas de afiliación míticos con condiciones **fantásticas.**

Es probable que tras ese **"Nirvana"** de potenciales ganancias, haya una banda de truhanes que tratan de aprovecharse de tu trabajo y, en el peor de los casos, buscan acceder a los datos de tu tarjeta y desvalijarte.

Insisto. Tienes a tu alcance una gran cantidad de programas de afiliación fiables, patrocinados por empresas de reconocido prestigio, que pagan lo pactado y en el momento comprometido. **No te compliques la vida.**

A lo largo de este manual obtendrás información de decenas de programas de marketing de afiliación de absoluta solvencia y confianza.

$ $ $ $ $

Los 4 protagonistas del marketing de afiliación

Los **cuatro protagonistas** del Marketing de afiliación son:
1.- Comerciante
2.- Afiliado
3.-Cliente
4.- Las redes de comercialización

Analicemos cada uno de ellos

1.- Comerciante
El comerciante vende el producto o el servicio al usuario y paga la comisión pactada al afiliado.
Hay distintos tipos de comerciantes en el marketing de afiliación:
- A. Marca
- B. Creador del producto
- C. Vendedor, en muchas ocasiones un marketplace

A.- Marca:
En este supuesto, es la propia organización, propietaria de la marca, quién crea y gestiona el programa de marketing de afiliación. Es el caso de **NIKE**.

Ejemplo. **NIKE**

NIKE es una multinacional estadounidense dedicada al diseño, desarrollo, fabricación y comercialización de equipamiento deportivo: balones, calzado, ropa, equipo, accesorios y otros artículos deportivos.

- Ingresos 2020: **37.400 millones** de dólares americanos.
- NIKE gestiona de forma directa su programa de afiliados.

Principales **características** de su programa de afiliados:
- Hasta un **11% de comisión** en todas las ventas válidas.
- Periodo de validez de las cookies: 30 días.
- Gama completa de banners de afiliación específicos por categoría.
- Material promocional de Nike By You específico.
- Comunicaciones frecuentes a los afiliados relativas a ofertas y nuevos productos.
- Regalos disponibles para promociones y competiciones en las que participan los afiliados.

¿Quién puede convertirse en afiliado de Nike? Buscan webs de los siguientes tipos:
- Sitios deportivos
- Sitios de calzado/ropa/moda
- Sitios de noticias
- Sitios de fitness y salud
- Sitios con contenido único
- Directorios de compras
- Blogs

¿Qué **ventajas** pueden ofrecer a los clientes los afiliados de Nike?
- Envíos gratuitos en los pedidos que cumplan los requisitos.
- Periodos de ofertas ocasionales.
- Promociones de cliente.
- Umbrales de envío gratuito más bajos.

Información e inscripción al programa de afiliación de NIKE:
https://www.nike.com/es/help/a/programa-afiliados-ue

B.- Creadores de producto

Una persona, empresa u organización crea un producto y el programa de afiliación para difundirlo y tratar de disparar las ventas. Paga una comisión al afiliado por cada transacción que obtenga a través de su link de afiliado.

Ejemplo. **iebschool.com**

IEBS es un centro de formación que apuesta por el futuro formando a profesionales líderes capaces de innovar y emprender aportando valor a sus compañías, sus empleados y a la sociedad en general.

El centro de formación **iebschool.com** ofrece un programa de afiliación. ¿Cómo funciona su programa de afiliados?
- Una vez que te das de alta como partner te hacen llegar creatividades y listas de productos.
- Te asignan un código de referido que se añadirá a la URL de IEBS. Es tu identificador. Tu link afiliado.
- Tienes acceso a un interfaz donde podrás ver en cada momento los leads conseguidos.

- Cada mes recibirás el importe correspondiente a los leads conseguidos.
- Te garantiza ingresos para siempre. Es decir, si un usuario se registra y realiza una compra a posteriori también recibes remuneración por ello.

Dirigido a:
- Asociaciones.
- Profesores.
- Blogs y sitios web

C.- Vendedor.

Es un sitio web que vende productos al cliente final. En muchas ocasiones se trata de un marketplace. Esta es una figura muy habitual en el marketing de afiliación.

Ejemplo
1. Marketplace. Amazon Associates

Amazon Associates es el programa de marketing de afiliados de Amazon. Ayuda a los creadores de contenido, editores y blogueros a monetizar su tráfico.

Con millones de productos y programas disponibles en Amazon, los asociados utilizan herramientas sencillas de creación de enlaces para dirigir a su audiencia a sus recomendaciones y ganar dinero con las compras y los programas que califican.

Pasos para ganar dinero con Amazon Associates:

1.- Registro. Entras a formar parte de las decenas de miles de creadores, editores y blogueros que obtienen ingresos con el Programa de Asociados de Amazon.

2.- Recomiendas. Estás en disposición de compartir millones de productos con tu audiencia de seguidores.

3.- Ganas. Puedes obtener hasta un **10%** en comisiones por compras y programas que califiquen.

Registro en el programa de Amazon Associates: https://afiliados.amazon.es/welcome/getstarted

Ejemplo 2. Ecommerce. www.platanomelon.com
Es una tienda en línea de productos eróticos. Tiene un tráfico mensual de 1 millón de visitas (2021).

Características principales de su programa de afiliación:
- Comisión del 7% de cada venta
- Duración de las cookies: 30 días

Ejemplos de **contenido** en su blog (eroteca):
- Bragas menstruales: uso y beneficios
- ¿Cuál es el método anticonceptivo hormonal qué más te encaja? ¿Son para ti?
- Ventajas de hacerlo (coito) con calcetines

2.- Afiliado

Imagina la **Bahía de San Francisco**. *En una orilla están los comerciantes con sus productos y en la otra se sitúan los clientes.*
El afiliado es el **Golden Gate**, *el* **puente** *que conecta las dos orillas.*
Su estructura y armazón lo conforman sus opiniones honestas, el contenido útil, los **links de afiliado** *y el tráfico de personas que remite a la web del comerciante*
El afiliado es la empresa o persona que **promociona** *los productos del comerciante, obtendrá la comisión, que abonará el comerciante cuando se produzca la venta, ganará "***Golden Money***", siguiendo con la metáfora :)*

El afiliado es un intermediario, un comisionista que envía tráfico a la web del comerciante y obtiene un premio (ganancia) en forma de comisión.

Para tener éxito en el marketing de afiliación, además de acciones encaminadas a crear contenido y promocionar productos tiene que acometer una serie de tareas. Las más importantes son:
- Conocerse. Tener claro cuáles son sus intereses, qué le o la atrae, gusta, emociona, sabe o quiere aprender.

- Saber qué nicho atacar.
- Elegir programa de afiliación.
- Decidir qué productos promociona.
- Elegir el o los canales de comunicación en los que va a centrar su actividad.
- Producir y publicar contenido que aporte valor, útil, relevante y único.
- Generar tráfico a través del canal o de los canales.
- Crear comunidad.
- Remitir tráfico a la web del comerciante.
- Provocar conversiones.
- Monetizar.
- Cobrar comisiones.

Idea clave

La principal labor del afiliado es **promocionar** los productos del comerciante.

Su mejor arma es el **contenido útil, relevante y único**

La recompensa es obtener tráfico, remitirlo a la web del comerciante y obtener comisiones sobre ventas.

3.- Cliente

Es el comprador, el que paga. El combustible que aporta la energía necesaria para que toda la maquinaria del marketing de afiliación funcione. Si no hay ventas, el cliente no tira de tarjeta, no hay conversiones, ni comisiones para el afiliado. Fracaso total.

Por excelente que sea el nicho, elevado el tráfico, si al final de todo el proceso, el cliente no compra, el negocio de marketing de afiliación no funciona.

No hay ventas. No hay beneficio. No hay negocio

Honestidad. Trata a tus clientes siempre con **honestidad**. Sé íntegro con tus usuarios y potenciales clientes, informa a tu comunidad que tu sitio web incluye links de afiliación, y que puedes percibir una pequeña comisión si compran el producto que recomiendas.

Las muestras de sinceridad y honestidad incrementan tu credibilidad.

Hay países que recogen en su ordenamiento jurídico la obligación de informar a los usuarios sobre este aspecto.

"La honestidad es el primer capítulo en el libro de la sabiduría"
Thomas Jefferson

"Quien no se tome la verdad en serio en asuntos pequeños, no puede ser confiable en asuntos grandes tampoco".
Albert Einstein

Ejemplo

La **declaración y exención de responsabilidad** contenida en www.younghouselove.com

Recuerda se trata del el exitoso blog de decoración y bricolaje creado por **John y Sherry**. Dice así...

"Young House Love incluye enlaces de afiliados relevantes (tanto en el contenido como en la barra lateral), todos los cuales hacemos todo lo posible para marcarlos claramente como tales.

Como asociado de Amazon, ganamos con las compras que califican (lo que significa que si hace clic en un enlace de afiliado y realiza una compra, es posible que recibamos una pequeña comisión).

Esto NO implica ningún costo adicional para usted, y el dinero de los afiliados que ganamos ayuda a pagar las tarifas para mantener este sitio en funcionamiento. ¡Gracias por su apoyo!

No se aceptan regalos ni descuentos especiales para bloggers, y ninguna de las publicaciones está patrocinada"

www.younghouselove.com

"Hagas lo que hagas, hazlo tan bien para que vuelvan y además traigan a sus amigos"

Walt Disney

4.- Las redes de afiliación

Las **redes de afiliación** son plataformas que intermedian entre los afiliados y los comerciantes.

Ponen en contacto sitios webs de comerciantes (poseen productos), con los creadores de contenido (afiliados que promocionan productos).

Las redes de afiliación son una suerte de Marketplace de programas de afiliación, donde puedes encontrar una gran variedad. Están ordenados por categorías.

Ejemplos de redes de afiliación:
A- www.awin.com/es

Awin en cifras:
- **920 millones** euros abonados a sus afiliados en el último año financiero
- 15 oficinas en todo el mundo
- 1,000 empleados
- 225.000 afiliados
- 16.500 comerciantes

Fuente: https://www.awin.com/es/sobre-nosotros

Programas de afiliación que puedes encontrar en awin.com:
- sephora.es (cosmética)
- happysocks.com/es (calcetines, mascarillas, bañadores...)
- etam.es (ropa íntima)
- interrail.eu/es (venta de bonos viajar por europa en tren)
- hawkersco.com/ (Hawkers. Gafas de sol)
- tennis-point.es (productos para practicar tenis y padel)
- tusloteras.es (administración de lotería online)
- kappastore.es (ropa deportiva y lifestyle)
- pandora.net/es (joyería)
- myspringfield.com/es (moda)

Su directorio de anunciantes recoge programas de afiliación en las siguientes **categorías:**

Finanzas y seguros
Tarjetas de crédito
Seguros
Préstamos
Hipotecas
Banca personal
Ahorro e inversión

Retail y Shopping
Audiovisual
Automoción
Bebés y niños
Libros y suscripciones
Ropa para niños
Ropa
Complementos de vestir
Ordenadores
Grandes almacenes
Bricolaje
Accesorios electrónicos
Tienda de electrónica
Tienda de entretenimiento
Erótico
FMCG
Muebles
Dispositivos electrónicos
Regalos y flores
Ecológico
Compra grupal
Salud y belleza
Hogar y jardinería
Joyería
Generación de leads
Lencería

Ropa para hombre
Música y DVD
Material de oficina
Ordenadores y videojuegos
Animales de compañía
Medicamentos
Fotografía
Fotos y servicios de impresión
Zapatos
Equipamiento deportivo
Ropa de deporte
Juguetes y juegos
Menaje
Vino, alcohol y tabaco
Ropa para mujer

Telecomunicaciones y servicios
Empresa de servicios públicos B2B
Servicios de negocio B2B
Operadores de cable y satélite
Caridad
Citas
TV digital y vídeo a demanda
Educación, formación y contratación
Descargas de entretenimiento
Apuestas y competiciones
Proveedor de servicios de Internet
Generación de leads
Banda ancha móvil
Contrato móvil
Descargas móvil
Pago móvil en el periodo
Operadores de red
Juegos online
Descargas de software
Entradas
Empresa de servicios públicos

Hospedaje web
itura

Viajes
Aerolíneas
Estacionamiento en el aeropuerto y traslados
Alquiler de vehículos
Autobuses
Cruceros y ferries
Hoteles y alojamiento
Generación de leads
Fiestas locales
Turismo y atracciones
Trenes
Agencias de viajes

Otras plataformas de afiliación interesantes y que debes tener en cuenta son:

B- tradetracker.com/es/campaigns/es

Plataforma con más de 250 anunciantes - comerciantes. Tiene una amplia variedad de programas de afiliación.

Categorías con programas en Tradetracker:
Adulto
Alimentación y bebida
Animales
Arte y vida
Bebés y niños
Citas
Coches, motocicletas, motos
Deportes y recreación
Electrodomésticos
Empleo, educación y carrera
Flores
Hardware y software

Hobbies y tiempo libre
Hogar y jardín
Juegos y diversión
Juguetes
Libros, periódicos y revistas
Lotería y apuestas
Moda y joyas
Música, vídeo y DVD
Nombres de dominios y hosting
Oficina
Otro
Productos financieros
Regalos y gadgets
Salud y belleza
Servicios profesionales
Telecomunicaciones
Tiendas
Viajes y vacaciones

Más redes de afiliación que debes estudiar, entre todas ellas encontrarás el programa o programas que se ajusten a tus preferencias y objetivos. Destacamos:
- https://account.admitad.com/es/catalog/
- https://www.shareasale.com/info/
- https://www.tradedoubler.com/es/
- https://www.timeone.io/es
- https://rakutenadvertising.com/
- https://www.cj.com/es/afiliado
- https://www.flexoffers.com/
- https://skimlinks.com/
- https://www.2checkout.com/
- https://www.linkconnector.com/
- https://warriorplus.com/

No hago una reseña de cada una de ellas porque haríamos este libro interminable.

En función de tus intereses y nicho investiga en cada una de ellas y encuentra programas de afiliados que encajen con tus objetivos. Hay miles. Investiga.

Ejemplo. Leroy Merlin

Veamos un ejemplo de programa de afiliación promovido por la red de afiliados awin: el programa de afiliados de **Leroy Merlin**

Leroy Merlin es una multinacional francesa especializada en bricolaje, construcción, decoración y jardinería instalada en **13 países.**

Características del programa de afiliación de **Leroy Merlin:**
- Tasa de comisión: **6%** y posibilidad de obtener incentivos en función del rendimiento y calidad de la colaboración.
- Amplio catálogo. Más de **180.000 productos**.
- Multitud de opciones para generar contenido de calidad
- Materiales novedosos para creadores, autores y blogueros
- El programa cuenta con una ventana de atribución post click 30 días (se trata del plazo de duración de las cookies)

$ $ $ $ $

Qué es un nicho de mercado y cómo elegir

Un nicho de mercado es un conjunto de consumidores con preocupaciones, problemas, intereses y aficiones compartidas.

Se trata de una parte del mercado, una porción. Son clientes que presentan características comunes. Las **tres características** que definen un nicho de mercado son:

1.- Se trata de una **porción del mercado**, un segmento, un trozo, una parte.

2.- Que abarca a un **conjunto** de consumidores que comparten **intereses comunes**.

3.- **Rentable.** Tiene suficiente masa crítica. Hay un **número significativo de interesados en él,** un número suficiente de usuarios como para poder rentabilizar todos nuestros esfuerzos en marketing de afiliación.

Ejemplos de nichos de mercado:
- Hoteles solo para adultos
- Hoteles que admiten a mascotas
- Casas prefabricadas de madera
- Amantes de los productos ecológicos
- Mamás que utilizan pañales reutilizables
- Juguetes de madera para niños de 2 a 5 años
- Juguetes educativos niñas de 3 a 7 años
- Accesorios para practicantes de running
- Artículos para practicantes de tenis
- Todo lo necesario para los entusiastas del padel
- Planchadoras de camisas automáticas
- Personas preocupadas por la seguridad de sus inmuebles
- Jugadores de Grand Theft Auto V
- Jugadores del universo Nintendo Switch
- Apasionados de Playstation 5

Las posibilidades son infinitas. Busca y crea tu camino

Los 5 aspectos clave que debes tener en cuenta para elegir nicho de mercado

Primero. Bien definido. El nicho de mercado debe ser concreto, específico, tienen un problema común, una necesidad específica, o les une un interés, ejemplo de nichos:
- Amantes de conejos enanos
- Propietarios de motos Indian
- Practicantes de running
- Amantes de la NBA
- Votantes republicanos (EEUU)
- Votantes demócratas (USA)
- Propietarios de perros de raza Beagle…

Segundo. Pionero. Busca nichos poco explotados. Explora nuevos espacios y galaxias, hay todo un universo ahí fuera por descubrir.
No seas uno más con productos típicos orientados a usuarios de:
- Apple
- Samsung
- Xiaomi…, y similares

Son nichos muy trillados, con alta competencia, difícil destacar y posicionar. Sé creativo.

Tercero. Perenne. Segmento que genera interés de manera permanente y sostenida en el tiempo. No inviertas tiempo en un nicho que responde a una moda pasajera.

Google pone a nuestra disposición una excelente herramienta que permite analizar si un nicho es una tendencia estable a lo largo del tiempo o no lo es. https://trends.google.es/trends

Ejemplo de nicho: JUGUETES PARA PERROS, la gráfica de Google Trends nos indica que:

1.- Hay un **incremento** de la tendencia a lo largo de los últimos 5 años.

2.- Se producen **picos** en las búsquedas en las **campañas de Navidad** de los últimos 5 años.

Cuarto. Crea comunidad. Insisto.
Tus esfuerzos como afiliado tienen que ir enfocados a crear y liderar una comunidad.

Más ejemplos de nichos de mercado, de comunidades que puedes crear, ayudar, aconsejar y liderar.
- Amantes de la raza de perros labrador
- Propietarios de la raza pastor alemán
- Amantes de los perros en general
- Apasionados de los periquitos
- Enamorados de la motocicletas
- Campistas
- Excursionistas
- Peregrinos del Camino de Santiago
- Consumidores preocupados por ahorrar
- Consumidores que buscan maximizar sus inversiones financieras
- Amantes de la saga Star Wars
- Seguidores de Star Trek
- Apasionados de Galáctica. Estrella de combate
- Estudiosos del ajedrez
- Practicantes del baloncesto... ... ...

Quinto. Rentable. Lo es cuando existe suficiente potencial de ganancias para rentabilizar nuestros esfuerzos y podemos alcanzar los objetivos financieros que nos hemos marcado.

$ $ $ $ $

Nicho de mercado. Demanda y competitividad

1.- Demanda
El nicho de mercado tiene que ser específico, pero también necesitamos que haya **suficiente demanda**. Es decir, con suficiente número de potenciales compradores que permita rentabilizar nuestros esfuerzos de marketing de afiliación.

Hay **masa crítica** cuando existe un número mínimo de potenciales compradores y podemos alcanzar nuestros objetivos financieros.

¿Cómo saber si hay suficiente demanda?
Un excelente **punto de partida** para averiguar si hay o no demanda es investigar el volumen **de búsquedas mensual** de las palabras clave que sirven para identificar nuestro nicho de mercado.

¿Que herramienta nos sirve? Utiliza el planificador de palabras clave de Google para averiguar el volumen de búsquedas mensuales de la palabras clave (keywords):

https://ads.google.com/intl/es_es/home/tools/keyword-planner

El siguiente enlace te remite a la página que recoge una amplia y sencilla explicación para que saques el máximo rendimiento a esta excelente herramienta

https://support.google.com/google-ads/answer/Cómo utilizar planificador palabras clave

En función del número de visitas mensuales de las palabras clave importantes para tu nicho de mercado puedes estimar el potencial de beneficios de tu blog de nicho.

Keyword Surfer
Otra excelente herramienta es **Keyword Surfer**, se trata de una extensión de navegador (chrome), fácil de usar y cuando haces búsquedas en Google aporta información de volumen de búsquedas, ideas de palabras clave y porcentaje de similitud.

Keyword Surfer es gratuita. Free. La puedes encontrar e instalar en: https://chrome.google.com/webstore/search/keyword%20surfer

2.- Competitividad.
La competitividad es la dificultad que tiene cada palabra clave para posicionarse en los primeros lugares en la hoja de resultados de Google.

El planificador de palabras clave de **Google AdWords** clasifica las palabras clave entre competitividad baja y alta.
- **La competitividad baja.** Es fácil aparecer en las primeras posiciones en Google.
- **Competitividad alta.** No resulta fácil clasificar el contenido en los primeros puestos, tendremos que competir con imperios digitales como Amazon y similares.

Ejemplo de búsqueda y análisis del volumen de palabras clave. Análisis de rentabilidad

Caso práctico
La historia de Mister Ship. (Amante de la cría de peces). **Mr. Ship,** es un aficionado a la acuariofilia. Le encanta todo lo relativo a la cría y cuidado de los peces en un acuario.

Quiere iniciar un negocio de marketing de afiliación. Ha pensado que sería una excelente opción lanzar un blog con consejos para los aficionados a la cría de peces en un acuario.

Mr. Ship investiga el **volumen de palabras clave** en el planificador de palabras clave de Google y en keyword Surfer, entre las dos herramientas obtiene los siguientes resultados y datos (España):

Nº	Palabras clave	Volumen de búsqueda mensual
1	**acuarios**	**50.000**
2	peceras	49.000
3	**tortuga de agua**	**8.100**

4	tortuguita de agua	8.100
5	pecera	6.600
6	**acuario peces**	**2.900**
7	acuaterrario con peces	2.900
8	peces y acuarios	2.900
9	acuario marino	2.900
10	**peceras pequeñas**	**2.400**
11	tortuguero grande	1.900
12	pecera barata	1.900
13	peceras baratas	1.900
14	tortugueros grandes	1.900
15	decoración acuarios	1.900
16	peceras grandes	1.600
17	peceras amazon	1.300
18	acuario barato	1.300
19	acuarios comprar	1.300
20	comprar acuario	1.300
21	pecera con peces	1.300
22	tortuga pequeña	1.300
23	tortugas pequeñitas	1.300
24	peceras para tortugas	1.000
25	acuarios para tortugas	1.000
26	peceras para peces	880
27	peceras redondas	880
28	acuario grande	880
29	grandes acuarios	880
30	pecera de pez	880
31	pecera para peces	880

32	decoración peceras	880
33	peceras y acuarios	590
34	peceras precios	210
35	peceras redondas de cristal	210
36	casas con peceras	170
37	peceras caseras	140
38	peceras gigantes	140
39	pecera redonda grande	140
40	peceras baratas grandes	140
41	pecera pequeña redonda	110
42	comprar acuario grande	70
43	fotos de peceras	70
	Total búsquedas	**201.650**

Fuente: Keyword Surfer

Mister Ship, tras este estudio, conoce los volúmenes de búsqueda de las distintas palabras clave relacionadas con el universo de los acuariofilia.

Una vez que **Mr Ship** conoce el **volumen de búsqueda** de las palabras clave, el siguiente paso es estudiar el nivel de competencia que tiene.

El nivel de competencia (recuerda) indica la dificultad de poder posicionar esos términos en los primeros resultados de búsqueda en Google.

Competitividad:
El planificador de palabras clave de Google nos indica el nivel de competitividad de cada palabra clave o conjunto de palabras claves.

Clasifica en:

Competencia alta. Es difícil posicionar el término en los primeros resultados de búsqueda de Google, tendremos que luchar contra gigantes como Amazon. "Misión casi Imposible".

Competencia baja. Indica lo contrario. Es fácil posicionarse en los primeros puestos en Google. Centraremos nuestros esfuerzos en estos términos.

Competencia media. No será fácil posicionar nuestras keywords, pero con un buen trabajo obtendremos resultados positivos.

Mr. Ship hace el estudio y obtiene la siguiente información. Información de la tabla obtenida de:
- Keyword Surfer
- Planificador de palabras clave de Google Ads)
- Datos solo de España

Keywords	Volumen mensual	Competencia
acuarios	50.000	Baja
tienda de peces cerca de mi	500	Baja
acuario de monterrey	500	Baja
los acuarios de méxico	500	Baja
acuario cerca de mí	5.000	Baja
aquarium cerca de mi	50	Baja
acuario park	50	Baja
acuario store	50	Baja
tiendas de peces tropicales	50	Baja
peceras	50.000	Alta
accesorios acuarios	50	Alta
peceras en walmart	500	Alta
lobelia cardinalis acuario	500	Alta
venta de peces online usa	50	Alta
petsmart peceras	500	Alta

peceras para tortugas en walmart	50	Alta
peceras pequeñas walmart	50	Alta
biobola	50	Alta
filtro para pecera de 10 galones	50	Alta
filtro para pecera de 20 galones	50	Alta
peceras de 30 galones	50	Alta
filtros para peceras en walmart	50	Alta
peceras en petsmart	500	Alta
adornos para peceras en walmart	50	Alta
pecera de 20 galones walmart	50	Alta
filtro para pecera de 55 galones	50	Alta
peceras grandes walmart	50	Alta
pecera de 10 galones walmart	50	Alta
pecera de 75 galones	50	Alta
peceras de 40 galones	50	Alta
walmart filtros para peceras	50	Alta
pecera de 150 galones	50	Alta
peceras de 55 galones	50	Alta

Mister Ship ha descubierto un término con suficiente volumen de búsquedas y con un nivel bajo de competencia y, en él va a centrar sus esfuerzos.

The winner is:

Keyword	Volumen / mensual	Competencia
acuarios	50.000	Baja

La keyword **"ACUARIOS"** posee suficiente volumen de búsquedas, tiene demanda (suficiente **masa crítica: 50.000** búsquedas mensuales solo en España) y **competencia baja**. Es factible posicionar nuestro contenido en las primeras posiciones de Google para esta palabra clave:

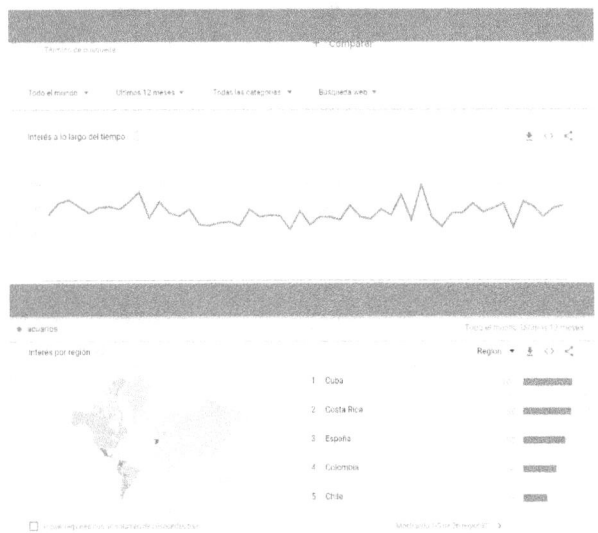

Analicemos la tendencia global, a lo largo del tiempo, de este término de búsqueda "acuario". Recuerda que para averiguar esta información utilizamos **Google Trends**.

Destacamos:
- El número de búsquedas permanece estable a lo largo del año con repuntes en agosto y principios de marzo.
- Y son significativas las búsquedas en **España**, Cuba, Costa Rica, Colombia, Chile y México.
- En el planificador de palabras clave de Google Ads podremos averiguar el número de búsquedas en cada uno de sus países. Información que nos será útil si queremos hacer una pequeña inversión publicitaria en Facebook Ads para acelerar nuestros resultados en marketing de afiliación.

Resumen:
Volumen: 50.000 búsquedas mensuales solo en el mercado español.
Competencia. Nivel bajo. Fácil de posicionar en las cinco primeras posiciones en Google.

Volumen + Baja competencia
=
Altas probabilidades de éxito

Estimación de beneficios.
- **Mister Ship** considera que con su contenido de valor único puede captar del **30%** al **50%** de tráfico orgánico.
- Tasa de conversión prevista: 3%
- Obtendrá entre 150 y 250 ventas cada mes
- Comisión: 5 € por venta (media)
- Beneficios estimados: **Entre 2.250 € y 3.750 €**

La afición a la cría de peces en un acuario de Mister Ship va a pasar de ser un ocio a un modelo de negocio.
Gracias al marketing de afiliación

Actúa

- Crea tu listado de nichos y palabras clave relacionadas Disfrutas haciendo Camping ¿Qué te parece crear un blog aportando excelentes consejo a los campistas? ¿Le ves sentido? Claro que sí.
- Con el planificador de palabras clave de **Google AdWords** analiza el volumen de búsquedas y competitividad de cada una de ellas.
- Utiliza también Keyword Surfer para obtener volúmenes precisos de búsquedas por país y nuevas palabras sugeridas.
- Exporta los datos a una hoja de cálculo realizar hipótesis siguiendo la metodología de Mister Ship

---

$ $ $ $ $

250 nichos de mercado

Veamos diversos ejemplos de nichos de mercado. Se trata de una relación solo a título de ejemplo. Existen tantas opciones como quieras. Es un universo con infinitas posibilidades. Aprovéchalas.

1.- Nichos por **categoría de productos**
Jardín
- Almacenamiento de exterior
- Aves y animales de jardín
- Barbacoa y comer al aire libre
- Calentadores, fogatas y chimeneas
- Cortacéspedes y herramientas eléctricas para exteriores
- Cubiertas y vallas
- Decoración de exterior
- Jardinería
- Muebles y accesorios de jardín
- Piscinas, jacuzzis y suministros
- Plantas, semillas y bulbos
- Termómetros e instrumentos meteorológicos

Suplementos para deportistas: medicamentos, remedios y suplementos dietéticos
Salud y cuidado personal
- Bebé y puericultura
- Bienestar
- Cuidado bucal
- Cuidado de la salud
- Cuidado de la vista
- Cuidado y limpieza del hogar
- Dieta y nutrición
- Dispositivos para fumar y accesorios
- Higiene íntima
- Sexo y sensualidad
- Suministros y equipamiento médico
- Vitaminas, minerales y suplementos

Relojes.
- Hombre
- Relojes de pulsera

- Smartwatches Fashion
- Relojes de bolsillo
- Correas
- Relojes deportivos
- Relojes interesantes
- Relojes analógiocs
- Relojes digitales
- Relojes antiguos
- Relojes de Star Wars

Bebé
- Pañales
- Pañales ecológicos
- Carritos y sillas de paseo
- Chupetes y mordedores
- Descanso y sueño
- Higiene y cuidado
- Lactancia y alimentación
- Orinales y taburetes
- Paseo
- Regalos para recién nacidos
- Ropa premamá
- Seguridad
- Sillas de coche y accesorios
- Zapatos para bebé
- Juguetes para bebés

Bebidas nutritivas para deportistas
- Bebidas de proteínas
- Bebidas de recuperación e hidratación
- Bebidas energéticas
- Bebidas para el control de peso

Mundo vegano
- Golosinas
- Batidos proteínicos
- Chocolates
- Cereales
- Libros, ebooks de temática vegana
- Dulces

- Suplementos vitamínicos
- Mantequilla

Belleza
- Afeitado y depilación
- Baño e higiene personal
- Cuidado de la piel
- Cuidado del cabello
- Manicura y pedicura
- Maquillaje
- Perfumes y fragancias
- Utensilios y accesorios

Piscinas
- Piscinas prefabricadas
- Piscinas pequeñas
- Piscinas desmontables
- Piscinas hinchables
- Piscinas integradas
- Piscinas de obra

Suministros piscinas
- Calentadores y accesorios
- Duchas de jardín
- Filtros, bombas y accesorios
- Fundas y accesorios
- Herramientas y accesorios de limpieza
- Jacuzzis y SPAs
- Kits de reparación
- Pinturas y productos de sellado
- Piscinas
- Productos de limpieza
- Productos de seguridad
- Productos iluminación
- Productos químicos y para análisis de aguas
- Saunas de exterior y piezas
- Termómetros
- Toboganes, escaleras y trampolines

Universo deportes
- Running

- Ciclismo
- Natación
- Submarinismo
- Pesca de río
- Pesca en el mar
- Caza
- Airsoft
- Supervivencia
- Trekking
- Camping
- Baloncesto
- Fútbol
- Fútbol sala
- Bádminton
- Pádel
- Tenis
- Tenis de mesa
- Ciclismo
- Ropa deportiva
- Tecnología para el deporte
- Alimentos y suplementos para deportistas
- Yoga
- Fitness
- Culturismo

2.- Clasificación en base a intereses:
- Reciclaje
- Vida sana
- Productos ecológicos
- Cocina vegana
- Detox
- Apasionados de los viajes
- Rutas en bicicleta
- Rutas en caravana
- Rutas en Camper, furgonetas
- Viajes en solitario
- Amantes de la naturaleza
- Padres primerizos

- Productos de maquillaje sin crueldad animal

Hobbies e intereses:
- DYI. Hazlo tú mismo
- Manualidades
- Manualidades niños
- Manualidades en madera
- Pintar con acuarela
- Pintar al óleo
- Pintar paisajes
- Pintar retratos
- Arte en papel
- Videojuegos
- Videojuegos retro
- Videojuegos Nintendo Switch
- Videojuegos PS4
- Videojuegos estrategia
- Videojuego xbox one
- Videojuegos desarrollar habilidades
- Videojuegos estrategia
- Juegos de mesa
- Juegos de mesa retro
- Maquetas de monumentos
- Maquetas de aviones de combate
- Maqueta de aviones de transporte de pasajeros
- Maquetas de tanques
- Maquetas de barcos
- Maquetas de barcos de madera
- Aeromodelismo
- Drones
- Puzzles
- Amantes del automovilismo
- Forofos del motociclismo
- Apasionados del ciclismo
- Moda militar

Dentro del nicho de amantes del **automovilismo:**
- Accesorios para coche
- Cuidado de coche y moto. Aceites y otros fluidos

- Dispositivos GPS
- Electrónica para vehículos
- Herramientas para coche
- Neumáticos y llantas
- Piezas para coche
- Pintura y accesorios de pintura
- Productos para aficionados
- Sillas de coche y accesorios
- Transporte y almacenamiento

3.- Clasificación de nichos por orden alfabético.
- Accesorios de audio
- Accesorios de baño y accesorios
- Accesorios de boda
- Accesorios de camping y senderismo
- Accesorios de caza
- Accesorios de ciclismo
- Accesorios de coche
- Accesorios de fotografía y cámara
- Accesorios de iluminación y accesorios
- Accesorios de moto
- Accesorios de video
- Accesorios de videojuegos
- Accesorios para cámaras de acción
- Accesorios para el cabello
- Accesorios para hombres
- Accesorios telefónicos
- Almacenamiento en el hogar y organización
- Anime
- Arte de pared y decoración
- Aseo de hombres
- Auriculares y Auriculares
- Bancos de energía
- Bancos de energía solar
- Baño y cuerpo
- Bar
- Binoculares y Óptica
- Bolsas Cosméticas y Organizadores

- Bolsas de camping y mochilas
- Bolsas de noche y fiesta
- Bolsas de viaje y mochilas
- Bolsas y mochilas deportivas
- Bolsos y carteras de mujer
- Bolsos y carteras para hombre
- Bustiers y Corsés
- Cables y adaptadores de audio y video
- Cajas de TV
- Cajas del teléfono
- Calcetería de mujer
- Calcetines
- Camisetas estampadas
- Cargadores solares
- Carteles
- Casa de textiles
- Cóctel y vestidos de fiesta
- Componentes electrónicos
- Cosplay
- Cubiertos y Cubiertos
- Cubos Mágicos y Rompecabezas
- Cuidado de la piel y tratamientos
- Cuidado de la salud
- Cuidado del cabello y tratamientos
- Cuidado dental
- De coser
- Decoración del hogar
- Dibujo
- Dispositivos de almacenamiento de datos
- Dispositivos de monitoreo de salud
- Drones
- Electrónica de oficina
- Electrónica Doméstica y Electrodomésticos
- Embarazo y productos de maternidad
- Equipamiento y accesorios para deportes de invierno
- Equipo de laboratorio
- Equipo de natación

- Equipo de seguridad
- Equipo deportivo
- Extensiones de pestañas
- Fajas
- Fan Merch
- Filtros de agua
- Flores artificiales
- Fotografía móvil
- Gadgets Inalámbricos
- Gafas de sol
- GoPro
- Grifos de cocina
- Herramientas de cocina
- Herramientas de peinado
- Herramientas de reparación de automóviles
- Herramientas Eléctricas y Accesorios
- Herramientas manuales y accesorios
- Higiene femenina
- Horneando
- Impresoras 3D
- Instrumentos de medición
- Joyas de mujer
- Joyas para hombres
- Joyería de la boda
- Joyería fina
- Juguetes
- Juguetes de bebé
- Juguetes de construcción
- Juguetes de control remoto
- Juguetes educativos
- Las pilas
- Linternas
- Luces de cadena
- Maquillaje permanente
- Masajeadores
- Mejoras para el hogar
- Microscopios

- Mira correas y bandas
- Mochilas
- Mochilas de carga USB
- Monitores de bebé
- Mujeres íntimas
- Muñecas y casas de muñecas
- Narguile
- Navajas de bolsillo
- Papelería
- Partes de una computadora
- Pelucas y Extensiones de Cabello
- Periféricos de la computadora
- Pescar
- piel genuina
- Plantillas ortopédicas
- Polainas
- Producir joyería
- Productos de afeitado y depilación
- Productos de maquillaje
- Productos para el cuidado del bebé
- Productos sexuales
- Proyectores y accesorios para proyectores
- Pulsera Charms
- Rastreadores GPS
- Reloj inteligente y pulseras
- Relojes
- Relojes de madera
- Reproductores de música
- Robots
- Ropa de baile y zapatos
- Ropa de hombre
- Ropa de mujeres
- Ropa deportiva
- Ropa impresa en 3D
- Ropa interior de hombre
- Ropa militar y accesorios
- Ropa para bebés y niños

- Seguridad del bebé
- Sistemas de seguridad para el hogar inteligente
- Sombreros y gorras
- Sony PlayStation
- Suministros de arte de uñas
- Suministros de Artes y Oficios
- Suministros de limpieza del hogar
- Suministros de mascotas
- Suministros para la fiesta
- Tabletas de dibujo
- Tallas grandes
- Tatuajes temporales
- Teléfonos móviles
- Textiles de baño
- Textiles de dormitorio y ropa de cama
- Tie Dye
- Utensilios
- Vape y cigarrillos electrónicos
- Vestidos de novia
- Yoga
- Zapatillas de deporte
- Zapatos de bebe y niños
- Zapatos de hombre

Como has podido comprobar las opciones son muchas, variadas e infinitas. Busca y decide qué nichos te gustan, son de tu interés.

Idea clave

Detrás de cada comunidad con intereses comunes, si hay suficiente masa crítica de usuarios (demanda), seguro que encuentras comerciantes con programas de afiliación que ofrecen productos que cubran dicha demanda insatisfecha

---

En estos ejemplos hemos explorado una parte ínfima de las categorías, nichos y Micronichos que pueden ser el centro de tu estrategia en el marketing de afiliación.

Busca tu propio nicho con imaginación. Sé creativo. Muestra al mundo que eres distinto, que tu enfoque es diferente. Sé bueno. Sé único. Crea tu singularidad.

> *Recuerda...*
> *Si eres uno más. Serás irrelevante*
> *Sé distinto. Sé único. Sé atrevido*

Reto
- Detecta un nicho, una comunidad con intereses comunes. Recuerda que lo ideal es que ese interés coincida con una afición tuya. Que a ti también te interese.
- Estudia si hay demanda. Suficiente masa crítica (volumen). Utiliza el planificador de palabras clave de Google Ads y Keyword Surfer (ambos gratuitos)
- Analiza el nivel de competitividad. Baja, Alta o Media

Por último, querido marketero, si quieres entretenerte contando el número de nichos enumerados en este capítulo comprobarás que son bastantes más de 250, pero no íbamos a permitir que una cifra fría y desangelada nos impidiese poner un bonito y redondo título a este capítulo:

> *Los 250...*
> *Bueno vale. OK. Los 250 + IVA :)*

Momento de actuar
1. Elabora una relación de intereses (nichos). Mínimo 5
2. Haz un estudio de keywords/palabras clave
   a. Número
   b. Competitividad
   c. Haz varias hipótesis de ganancias en hoja excel
3. Busca comerciantes solventes con programas de afiliación. Analiza las características básicas: Comisiones, duración de las cookies (...)

$ $ $ $ $

Cómo elegir el programa de afiliación.
Las 7 claves para no fracasar

Elegir el programa de afiliados con el que vamos a trabajar es una decisión **importante,** el seleccionado será tu socio. La duración de la relación es a largo plazo, él pagará tus comisiones y en sus manos reside, en buena medida, tu seguridad y estabilidad financiera.

Tú creas contenido de valor, generas comunidad, envías tráfico y el comerciante titular del programa de afiliados pone el programa y las condiciones, el producto, las ventas, la logística, la atención al cliente y paga tus comisiones.

Procedamos a analizar los distintos aspectos que debes valorar a la hora de elegir programa de afiliación y productos a promocionar.

Las 7 claves son:
Clave 1. Reputación del titular del programa de afiliación
Apostar por un programa de afiliación es una asociación. Es preferible que ésta relación sea con:
- Comerciantes sólidamente establecidos
- Operen en el mercado desde hace tiempo
- Titulares de un programa de afiliación reputado, con buena fama
- Tengan elevado tráfico mensual a su web. Situado entre los líderes de su sector
- Ventas consolidadas
- Aporte solidez financiera. Que no tengamos problemas para cobrar nuestras comisiones.
- Reputado. Excelentes opiniones y comentarios de afiliados que llevan tiempo colaborando con este proveedor.

Clave 2. Amar. Disfrutar
Enamórate. Selecciona productos que te encanten. A tu negocio, basado en el marketing de afiliación, le vas a dedicar tiempo y esfuerzo. Hazlo fácil, elige programas y productos que te permitan disfrutar, por ejemplo:

- ¿Disfrutas con tu mascota? ¿con tu Labrador? ¿Qué tal el programa de afiliación de zooplus o el de petplan.es (seguros para mascotas), o ambos, dado que son complementarios?
- ¿Eres deportista? ¿Probamos con el programa de afiliación de Decathlon o con Kappa?
  Le ves sentido, ¿verdad?

Clave 3. Adorados por tu público objetivo
Tus usuarios tienen una serie de características comunes, de tipo demográfico, intereses, aficiones, pasiones...

El contenido que compartes y la información que difundes en el blog o sitio web tiene que ser de calidad, relevante e interesante para tu comunidad. En este sentido, los productos que recomiendes también tienen que resultar atractivos y deseados por tu público objetivo.

Aconseja productos que despierten su curiosidad, su deseo de adquirirlos, porque de no ser así no habrá tráfico a tus links de afiliación, ni a la web del comerciante, tampoco tendrás conversiones, ni comisiones. Nada.

Clave 4. Enséñame la pasta. Rendimiento. Rentabilidad
El fin último de todos tus esfuerzos en el marketing de afiliación es monetizar. Buscar obtener un rendimiento.

Quieres que el esfuerzo, el desempeño y el resultado de todas las acciones que estás realizando te aporten ingresos suficientes. Percibir comisiones. Cumplir tus objetivos de ingresos.

El programa de afiliación con el que trabajas tiene que tener potencial de rendimiento económico, que sea capaz de justificar todo el esfuerzo y la dedicación que le brindas.

Haz cálculos, crea hipótesis en base a tráfico previsto, tasa de conversión media, ganancia por venta y con todos estos supuestos averigua el potencial de ingresos que puedes obtener si se cumplen todas esas condiciones.

En función del tipo de blog y contenido aportado tendrás que elegir el programa o programas de filiación con los que vas a colaborar. Insisto. Haz números. Plantea hipótesis, contempla distintos escenarios. Hipótesis que se pueden dar:
- **Pocas ventas** y alta ganancia en cada una de ellas
- **Muchas ventas** con menor ganancia individual
- **Elevadas ventas** y tasa de comisión alta

Clave 5. Comisiones recurrentes. Enséñame la pasta de manera periódica

¿Hay algo mejor que convertir el tráfico en una venta y percibir una comisión? Sí, obtener **ingresos recurrentes,** mes tras mes.

Los ingresos recurrentes permiten que el esfuerzo de captar un cliente reporte de manera periódica ingresos en tu cuenta corriente.

¿No es maravilloso? Es el nirvana de los ingresos pasivos. Trabajas una vez y cobrarás todos los meses. Obtienes ingresos de manera periódica, mientras dure la relación comercial.

Ejemplo de programa con ingresos recurrentes
Datacenter1

Características del programa de afiliación de Datacenter1:
- Hosting 100% Administrado.
- Comisión del 16,66%
- Comisión de por vida. Ingresos recurrentes
- Duración de la cookie: 90 días
  Información: https://cdn.datacenter1.com

Clave 6. Producto de calidad y Honestidad
Si el producto que promocionamos no es de calidad, perderemos credibilidad e influencia sobre nuestra comunidad.

Cada vez que recomendamos un producto ponemos en juego nuestro prestigio. Dada la inmensa cantidad de programas y productos a nuestra disposición, no tiene sentido apostar por artículos de dudosa calidad o que puedan generar problemas en el futuro. No lo hagas. Apuesta por programas y productos capaces de generar clientes satisfechos.

Clientes contentos = Usuarios fidelizados

Recuerda que está en juego tu **reputación, tu marca, tu fuente de ingresos.**

Anécdota

Me viene a la memoria un post que leí aconsejando los **3 mejores micrófonos** para grabar podcasts. El bloggero en su artículo analiza varios micrófonos y monetiza el contenido de su web con el programa de afiliados de Amazon (Amazon Associates).

Cuál fue mi sorpresa cuando de entre los cientos de micrófonos que tenía a su disposición en Amazon para promocionar **aconsejaba tres mal valorados en este marketplace**, con puntuaciones inferiores a 4. Eso sí, los tres tenían en común que eran **caros**.

¿Qué credibilidad tiene un bloguero con este tipo de consejos y reseñas? ¿Cómo es posible que teniendo decenas de micrófonos con buena puntuación aconseje tres mal valorados? ¿Desidia? ¿Mala fe quizás? ¿Quizás aconsejaba micrófonos caros para elevar el importe de su comisión? ¿Se trata de falta de **honestidad**?

Este bloguero es mal profesional, mala persona o ambas cosas. Mal, muy mal.

NO LO HAGAS. SÉ HONESTO. SÉ PROFESIONAL.
TODO LO QUE HACES Y NO HACES CREA TU MARCA.
TE DEFINE

Clave 7. Excelente servicio al cliente
Además de comprobar que los productos sean de calidad contrastada, debemos comprobar la excelencia en el servicio de atención al cliente que proporciona el comerciante.

¿Qué sucede si surge un problema? ¿El vendedor se desentiende o tiene un reputado y excelente servicio de atención al cliente? Cada cliente insatisfecho, mina nuestra credibilidad.

Lee las reseñas que tiene el proveedor, qué opiniones tienen los usuarios sobre sus productos y respecto al servicio de atención al cliente que proporciona. ¿Está bien valorado? ¿Atiende rápido y con prontitud cualquier incidente?

Analiza la valoración y puntuación del comerciante en redes sociales, en google, lee reseñas y comentarios

$ $ $ $ $

El precio justo

¿Qué importe deben tener los productos que promocionamos?

En el concurso televisivo: "EL PRECIO JUSTO", los concursantes compiten por acertar el precio de un producto. Gana el que más se acerca,. Sin pasarse.

Veamos, sin pasarnos, ni quedarnos cortos, dentro de qué banda de de precios deben fluctuar los productos que promocionamos. ¿Qué precio deben tener los productos que promocionamos y de los que esperamos comisionar?

Principio general
Cuanto más caros sean los productos y alta la comisión, más dinero ganaremos

Mr. and Mrs. Obviedad :)

Además de la "sesuda" aportación del señor y la señora Obviedad (gracias), hay **tres reflexiones** que debes hacer de cara a elegir qué productos promocionar en función del **precio** y la comisión que puedes obtener:

1.- Compra por impulso vs. Compra reflexiva.

Los programas de afiliación llevan asociados un rastreo a través de cookies, éstas tienen una duración de vigencia que va desde las 24 horas (Amazon Associates) a 7, 30, 60,120 días o más.

¿Cookies, rastreo?, ¿cómo? Te explico, cada vez que un internauta sigue uno de tus links de afiliado a la web del comerciante, se instala un "rastreador" en su dispositivo, es la cookie, que remite información al comerciante.

Cada programa de afiliación otorga a sus cookies un **periodo de duración**, de **caducidad** y, una vez pasado se pierde, decae el derecho a cobrar la comisión aunque se produzca la venta.

Conforme se incrementa el precio del producto, más tiempo necesita el cliente para tomar una decisión de compra. Querrá recabar información, hacer comparaciones en distintos sitios web, meditar, consultar...

No tiene nada que ver comprar una funda para un móvil con comprar el móvil. La funda es compra por impulso, mientras que la adquisición del smartphone es reflexiva y lleva tiempo. Con periodos de tiempo más largos van contra la duración de tu cookie.

Ejemplo
Ordenador con Pvp: 1.500 €. Comisión 4%: Importe obtenido: **60€**
vs.
Memoria externa de 2 terabytes. Pvp: 69 €. Comisión 4% Importe obtenido: 2,76 euros

A priori parece mejor opción promocionar ordenadores, pero ojo. Cuidado. Al ser una compra reflexiva, que tiene que madurar, puede ser que caduque nuestra cookie, es decir, se produce la venta pero sin comisión para nosotros. Mal negocio.

En cambio, productos de menor importe, suelen ser compras por impulso, menos reflexivas, se producen más ventas, más rápidas y no llega a caducar nuestra cookie. Cobramos nuestra comisión. Buen "Business".

En resumen, debes tener en cuenta el tiempo que conlleva, de media, tomar una decisión de compra y comparar con la duración de la cookie.

Tiempo decisión de compra mayor que la duración de la cookie = Mal negocio

2.- Tasa de conversión.
Es el ratio que obtenemos dividiendo el número de usuarios que compran entre el número de usuarios que son remitidos.

Desde tu blog mejoresfundasiPhone.com has enviado a Amazon 3.500 usuarios, de éstos 323 han comprado una funda para su iPhone.

La **"Tasa de Conversión"** en este ejemplo es:

(323 / 3.500) * 100 = 9,2%

El **9,2%** de los usuarios remitidos a Amazon han comprado una funda, esta es la **tasa de conversión**.

3.- Banda aconsejable de precios

La horquilla de precios de los productos a promocionar el marketing de afiliación debe de estar entre los:

30 € - 300 €

Por encima de **300 €** la tasa de conversión caerá (compra reflexiva) y por debajo de **30 €** tus esfuerzos probablemente no serán debidamente recompensados (escasa comisión).

Ideas clave

De cara a elegir nicho de mercado, analiza las siguientes variables y crea diversas hipotesis en una hoja de cálculo:

- Tráfico estimado
- Tasa de conversión prevista
- Previsión de ingresos (comisiones)
- Tiempo medio decisión de compra. Impulso o reflexiva
- Duración de la cookie
- Precios de los productos y comisión prevista

Con toda esta información decide qué productos vas a promocionar

---

$ $ $ $ $

Cómo crear un sitio web de afiliados bueno, bonito y barato

El blog es el punto de encuentro con tu audiencia, es tu inversión en bienes raíces digitales, tu inmueble online, y como tal debes tratarlo. Como **marketer** de afiliación, el blog es el sitio web donde vas a publicar valioso contenido, consejos, opiniones, comparaciones, listados. Información de calidad, útil y única que ayude a nuestra comunidad.

Idea clave
En el blog no escribes contenido. Aportas soluciones. Resuelves problemas.

1 POST = 1 SOLUCIÓN

Busca con tu blog agregar valor, solucionar problemas, generar un cambio, una transformación en la vida de las personas, gracias al contenido único y útil que publicas y aportas a la comunidad.

Qué necesitas para tener tu blog. Hazlo fácil, rápido y barato
Para lanzar el blog en el que alojar el contenido valioso que vas a crear y compartir con nuestra comunidad, necesitas:

1.- Dominio.
¿Qué es un dominio? El dominio es una parte fundamental de tu blog. Es tu identidad. Se trata de tu marca personal o marca de empresa.

El dominio crea una primera impresión. Medita cuidadosamente qué nombre elegir. Haz una lluvia de ideas, selecciona, descarta, analiza, busca hasta que te enamores de una de las opciones.

Consejos que debes tener en cuenta para elegir nombre de dominio:
A.- Corto.
- El Dominio cuantos menos caracteres tenga mejor, más fácil resulta recordarlo para tu audiencia.
- Fácil de **recordar** y de pronunciar

- Nunca utilices **marcas registradas** en el nombre de tu dominio.

Has creado un blog para promocionar y comisionar con la venta de artículos de **Harley Davidson** y en un alarde de imaginación piensas:

— Se llamará...
www.todo-harleydavidson.com
... y a vender como una moto...

No lo hagas. Tendrás problemas legales, seguro.

B.- Evita dominios con guión:
- vehiculos-ocasion.com
- vehiculos_ocasion.com

C.- No incluyas números:
- 1000anuncios.com
- coches123.com

¿Cuánto cuesta el dominio? En namecheap.com, en el momento de escribir este libro, registrar un dominio .com tiene un importe de:
- 7,46 euros el primer año
- 10,90 € la renovación
- Existe la opción de contratar varios años, en este caso se mantiene el descuento inicial del primer año, tal y como vemos en la imagen.

2.- Hosting

¿Qué es el hosting? Es el lugar donde estará alojado tu blog. En namecheap.com tienes planes de alojamiento, desde menos de 3 euros al mes. Por un puñado de euros podemos tener alojado nuestro blog.

Además, los planes de alojamiento con pago anual incluye dominio gratuito de las extensiones: fun, .host, .online, .site, .press, .store, .space, .pw, .tech, .website, .agency, .center, .digital, .live, .studio

3.- CMS. Opciones.

Un CMS es un sistema de gestión que permite crear y administrar el contenido de tu blog (Content Management System).

Hay varias opciones de CMS para construir nuestro blog. Las más utilizadas son:
- **WordPress.org**
- Blogger.com
- Tumblr

La mayoría de los blogueros utilizan **WordPress.org**, este CMS permite un control total del diseño y de la apariencia del blog.

WordPress cuenta con todo un ecosistema de extensiones que posibilita ampliar las funcionalidades mucho más allá de tener un mero blog. Prácticamente cualquier necesidad que tengas como crear una tienda, una central de reservas, un marketplace, una membresía…, lo puedes hacer en Wordpress. Las opciones son infinitas.

La mayoría de los servicios y de las herramientas que necesitas utilizar para tu negocio de marketing de afiliados como: gestor de correo electrónico, páginas de aterrizaje, sistema de facturación…, son compatibles con WordPress.

WordPress.org es gratuito, lo puedes descargar sin tener que pagar nada. La inmensa mayoría de los hosting, de los alojamientos web, tienen un panel de control que permite la instalación de WordPress de forma rápida y sencilla.

Hazlo fácil, sencillo, rápido y barato
Hazlo en WordPress
No te compliques la vida.

4.- Plantilla. Tema

La plantilla es el diseño que establece la apariencia y estructura de tu blog en Wordpress. Hay plantillas gratuitas y de pago, para empezar no gastes dinero en un tema de pago.

Encontrarás cientos de excelentes **plantillas gratuitas** siguiendo este enlace: https://es.wordpress.org/themes

Tres excelentes temas **gratuitos que te aconsejo** son:
1. https://es.wordpress.org/themes/oceanwp/
2. https://es.wordpress.org/themes/astra/
3. https://es.wordpress.org/themes/storefront/
(Puedes descargarlos siguiendo los enlaces):

5.- Diseño. Construcción. Gestión
El diseño, construcción y gestión de un sitio web en WordPress es sencillo. En Udemy y en Youtube tienes tutoriales gratuitos (video cursos), con todo lo que necesitas saber para iniciar tu blog. A continuación te dejo los enlaces:
- https://www.udemy.com/wordpress_básico
- https://www.youtube.com/wordpress+basico

Visualízalos y tendrás tu blog funcionando en pocos minutos.

6.- Extensiones. Plugins. Qué son. Cuáles instalar. Mejores opciones gratuitas. Seguimos siendo Free :)

*Un **plugin** de WordPress es un programa que amplía y mejora las funciones básicas de WordPress, de nuestro gestor de contenidos.*

Veamos varios plugins que debes de instalar en tu WordPress. Todos ellos son gratuitos:

 # Seguridad #
Instala iThemes Security para proteger tu WordPress de hackers, malware y ataques ransomware.

iThemes Security. **Proporciona** 30 formas de asegurar y proteger tu blog basado en WordPress.

En promedio, cada día se piratean **30.000 nuevos sitios web.** Los sitios de WordPress pueden ser un blanco fácil para los ataques debido a las vulnerabilidades de los complementos, las contraseñas débiles y el software obsoleto.

La mayoría de los administradores de WordPress no saben que son vulnerables. iThemes Security funciona para bloquear WordPress, corregir agujeros comunes, detener ataques automatizados y fortalecer las credenciales de los usuarios.

Existe una versión premium, de pago, pero con la versión gratuita es suficiente para empezar.

Puedes descargar el plugin en el siguiente enlace:
https://wordpress.org/plugins/better-wp-security/

SEO # Search Engine Optimization. Optimización de motores de búsqueda.

El plugin **Yoast SEO** ayuda a millones de webs de todo el mundo a **posicionarse** más alto en los motores de búsqueda. **Yoast SEO Free** contiene todo lo que necesitas para gestionar tu estrategia de SEO.

Principales características que podemos destacar de este aclamado plugin:
- Aporta las mejores técnicas SEO automáticas, como las URLs canónicas y meta tags.
- Crea mapas del sitio XML avanzados; que hacen más fácil que Google comprenda la estructura de tu sitio y, facilita posicionar la página en los primeros resultados de Google.
- Integración en profundidad con Schema.org, posibilita a los motores de búsqueda comprender el contenido de la web.
- Tiempos de carga más rápidos para toda la web, debido a un modo innovador de gestionar datos en WordPress.

Descarga gratuita del plugin:
https://es.wordpress.org/plugins/wordpress-seo/

Analítica

Tomar decisiones en Marketing de Afiliación sin analizar los números, las cifras, los datos de nuestro negocio es como conducir un Ferrari a 250 km/hora con los ojos vendados...

Necesitamos examinar los números del blog, los datos clave de nuestro negocio de marketing de afiliados relativos a:
- Información de tráfico
- N° de visitas
- Procedencia, demografía
- Páginas vistas
- Páginas más visitadas
- Tiempo de permanencia en nuestra web
- Productos más exitosos
- Tasa de Conversión...

Todo ello, con la finalidad de tomar decisiones acertadas relativas a la gestión de nuestro sitio web de afiliación.

Google Analytics es la mejor herramienta para analizar el tráfico de nuestro sitio web y tomar decisiones. Es gratuita y proporciona información excelente. Supongamos que **Google Analytics** nos indica que el 70% de nuestros visitantes son mujeres de entre 26 y 40 años. Con esta información podemos decidir:
- Priorizar crear contenido para este segmento de mercado
- Ampliar el surtido de productos y las recomendaciones para ese género y segmento de edad.
- Al hacer publicidad en Facebook, para acelerar nuestro negocio de marketing de afiliación, segmentaremos por sexo y edad teniendo en cuenta estos datos.

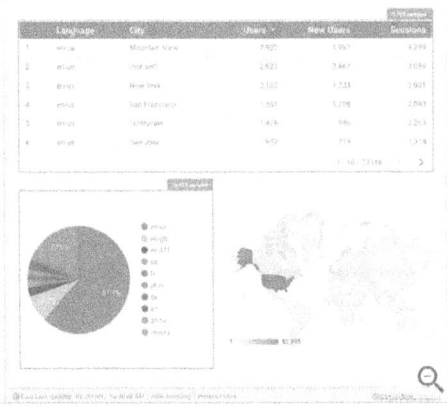

https://support.google.com

Plugin recomendado para instalar el **código de Google Analytics** en nuestro blog es: **Better Google Analytics**

El complemento **Better Google Analytics** permite agregar fácilmente el código de Google Analytics a nuestro sitio web y rastrear toda la información relevante.

Para descargar gratis el plugin: Better Google Analytics sigue este enlace: https://es.wordpress.org/plugins/better-analytics/

Herramientas para mejorar la velocidad de carga

Los factores que influyen en el tiempo que tarda en cargar un sitio web son:
- Los hosting de calidad cargan el blog más rápido.
- Plantillas y plugins poco pesados.
- La memoria caché de la página.
- Tener optimizado el código de CSS, HTML y Javascript.
- Imágenes poco pesadas.

La velocidad de carga del sitio web es un factor fundamental que incide en la experiencia de usuario. Una página que tarda en cargar dispara el porcentaje de abandonos. El internauta se va. No tiene paciencia para esperar.

La velocidad de carga también **incide** en el **posicionamiento SEO**. El algoritmo de Google tiene en cuenta el tiempo de carga para posicionar, mejor o peor, nuestro contenido en la página de resultados del buscador.

Sería absurdo hacer un gran esfuerzo en crear contenido de valor, útil y único y que Google lo relegue a la tercera o cuarta página porque nuestro hosting no es de calidad y tarda en cargarse el blog, o por cualquier otro de los anteriores factores que hemos visto y que influyen en el tiempo de carga.

Cómo reducir los tiempos de carga. Sigue estos cuatro sencillos pasos:

Primero. Utiliza la herramienta Pingdom Tools (gratuita) para averiguar cuánto tiempo tarda en cargar tu sitio web ahora, sin optimizar.

Un sitio web optimizado tiene que tardar menos de un segundo en cargar. Este tiene que ser tu objetivo.
Segundo. Instala extensiones que mejoran el rendimiento de la memoria caché. Son recomendables:
- → **W3 Total Cache. W3 Total Cache** es un plugin de caché para WordPress que ayuda a reducir el tiempo de carga de la web.
  W3 Total Cache reduce el tiempo de carga gracias a:
  - Configuración avanzada de caché
  - Compresión de archivos estáticos
  - Carga diferida (lazy load)
    Descarga gratuita de W3 Total Cache en:
    https://es.wordpress.org/plugins/w3-total-cache/

- → **WP Fastest Cache.** Alternativa a W3 Total Caché. Lo puedes descargar gratis en:
    https://es.wordpress.org/plugins/wp-fastest-cache/

Tercero. Instala un plugin para **optimizar las imágenes** de tu web, que pesen menos y se carguen más rápido. Plugins gratuitos que puedes utilizar:
- **EWWW Image Optimizer:**
  https://es.wordpress.org/plugins/ewww-image-optimizer/
- **Imsanity** https://es.wordpress.org/plugins/imsanity/
- **Smush** https://es.wordpress.org/plugins/wp-smushit/

Sigue estos tres pasos y tu web cargará en menos de un segundo. Los internautas impacientes no se irán y Google posicionará mejor tu contenido

Cuarto. Contrata un **hosting** de calidad. Analiza el tiempo de carga previsto, si no es bueno no lo contrates o migra tu web a otro.

Que el tiempo de carga de tu web no se "cargue" tu negocio
Tenlo en cuenta

Crear formularios
Por uno u otro motivo vas a necesitar crear y publicar formularios en tu web, por ejemplo para que puedan **contactar.**

Extensión gratuita recomendada: Contact Form 7
Es el plugin de formularios de contactos más utilizado y descargado del repositorio de WordPress.org. Es gratuito, fácil de instalar y utilizar. Permite:
- Administrar múltiples formularios de contacto.
- Personalizar los formularios y el contenido del correo de forma flexible.
- El formulario admite envíos con tecnología Ajax, CAPTCHA, filtrado de correo no deseado de Akismet, etc.
- Crear formularios de registro.
- Solicitudes de presupuesto
- Botones 'Llámame'

Descarga gratuita:
https://es.wordpress.org/plugins/contact-form-7/

Insertar botones para compartir en redes sociales
Utilizar plugins que permiten insertar botones para compartir contenido en redes sociales, es una forma fácil, rápida y barata de conseguir que el contenido de valor se haga viral, porque resulta fácil compartir con tu audiencia y obtener tráfico gratuito a tu web.

Permite a tu audiencia que a golpe de 1 click distribuya el contenido en las redes sociales y contactos de mensajería instantánea.

Herramienta gratuita y fácil de usar que permite crear botones para compartir contenido en redes sociales: **Sassy social Share.** Es una extensión sencilla de configurar. Incluye botones para todas las redes sociales que existen. **Características:**
- Elegir el tamaño que prefieras del botón.
- Escoger colores tanto del fondo como el del borde de los botones.

- Elegir la posición dónde situar los botones: barra lateral, abajo, arriba, izquierda, derecha...
- Decidir en qué páginas quieres que se muestran los botones.
- Poder personalizar la forma de los botones.
    - Círculo
    - Cuadrado
    - Rectángulo
- Responsive. Adaptado a dispositivos móviles.
- Poder escribir el texto que quieras.

Descarga gratis de **Sassy social Share de:**
https://wordpress.org/plugins/sassy-social-share/

Gestores de contenido/post relacionado

Un plugin con esta funcionalidad permite a la audiencia **encontrar publicaciones con un contenido similar** al que está leyendo.

Con este tipo de extensión mejoras las métricas de tiempo de permanencia y páginas vistas del blog. Más contenido leído incrementa las posibilidades de conversión, que algún producto de los promocionados sea de su interés, siga el enlace de afiliado, compre y obtengas tu comisión.

Extensión gratuita recomendada: Yet Another Related Posts Plugin (YARPP). Es un complemento que muestra publicaciones relacionadas con la entrada que en ese momento está leyendo el usuario. Las publicaciones relacionadas agregadas automáticamente pueden aumentar las visitas a tu blog por encima del 10%

Descarga gratuita de: YARPP
https://es.wordpress.org/plugins/yet-another-related-posts-plugin/

WooCommerce

Plugin para convertir nuestro WordPress en una **tienda de comercio electrónico**

WooCommerce es una plataforma de comercio electrónico de código abierto, personalizable y construida para WordPress.

WooCommerce es un plugin gratuito que permite crear tiendas online en WordPress. Permite vender o promocionar como afiliado todo tipo de productos y servicios.

Necesitarás instalar el plugin de woocommerce si, por ejemplo, participas en el programa afiliación de Amazon y quieres promocionar los artículos en **formato tienda.**

Con **WooCommerce** creas tu web de comercio electrónico, das de alta los artículos, incluyen descripciones y en el botón de comprar insertas tu link de afiliado qué redirigirá al cliente a Amazon, donde comprará el producto y tú ganarás la comisión. Muy fácil.

Descarga gratuita de woocommerce:
https://wordpress.org/plugins/woocommerce

Plugins específicos para marketing de afiliación
Conforme nuestro blog crece, publicamos más y más contenido de valor, recomendamos más productos, en la misma proporción se incrementan el número de links de afiliación de nuestro blog, páginas, contenido, más y más de diversos aspectos a gestionar…

Esta expansión del contenido y del número de links de afiliación de nuestro blog hace que cada vez sea más complicado administrar los enlaces de afiliación.

Recuerda que los enlaces de afiliación son el puente entre tu web y la del comerciante que te identifica y te asigna la comisión tras la venta. La gestión de tus links de afiliado no puede fallar, tiene que ser limpia y perfecta o no habrá comisiones.

Necesitas herramientas que nos ayuden y faciliten esta tarea, como por ejemplo:

[**ThirstyAffiliates**] Esta extensión permite administrar de manera sencilla los **enlaces de afiliación** en los post.

Con este plugin tenemos la opción de **sustituir las palabras clave** que elijamos **por nuestro link de afiliación**, sin necesidad de tener que hacerlo de forma manual y uno a uno. Ahorra tiempo y evita cometer errores.

Descargar gratuita ThirstyAffiliates:
https://wordpress.org/plugins/thirstyaffiliates/

[**Ad Inserter**] Complemento de **administración de anuncios y links de afiliación** con muchas funciones publicitarias avanzadas para insertar códigos de anuncios y links de afiliados.

Esta extensión admite todo tipo de anuncios, incluidos Google AdSense, Google Ad Manager, anuncios de compras nativos de Amazon contextuales, Media.net, **Info Links** y banners.

Descarga gratuita de Ad Inserter:
https://wordpress.org/plugins/ad-inserter/

Extensión de cumplimiento normativo. Información y aceptación de cookies#

Sí, cierto, mi abogado sigue insistiendo en los distintos aspectos legales a tener en cuenta.

EU Cookie Law for GDPR/CCPA. EU Cookie Law es una solución ligera y poderosa para cumplir con la ley europea de cookies, GDPR y CCPA , con ventanas emergentes y opciones para bloquear scripts antes de su aceptación.

Plugin que permite recabar el consentimiento del internauta y la aceptación de las cookies de nuestra web y con ello, **cumplir con la normativa de protección de datos Europea.**

La extensión recomendada es: Contiene varias personalizaciones para adaptarse perfectamente a tu sitio web y mantener las cookies bajo control (antes y después del consentimiento). Simplemente instala el plugin y sigue las instrucciones de la página de ajustes.

Descarga gratuita EU Cookie Law:
https://es.wordpress.org/plugins/eu-cookie-law

Cómo acelerar la puesta en marcha de tu blog de afiliados.

¿Quieres acelerar la puesta en marcha de tu blog? ¿No te quieres meter en berenjenales informáticos? En fiverr.com un freelance hará el trabajo por ti desde 10 $, sin que tiemblen tus finanzas.

$ $ $ $ $

El secreto: 2 X 10

Cómo atraer tráfico a tus links de afiliado

Descubre las 2 características que debe tener el tráfico de tu blog para obtener 10.000 € mensuales.

Para triunfar en el marketing de afiliación necesitas generar **numeroso tráfico de calidad** a tus links de afiliado. Sí, sí, el marketing de afiliación, en buena medida, es un **juego de números, porque necesitas:**

- Numeroso contenido de valor y único
- Numeroso tráfico a tu blog
- Numeroso tráfico dirigido a la web del comerciante desde tus links de afiliado
- Numerosas conversiones
- Numerosas comisiones

Bien, entonces, ¿qué es **tráfico de calidad**?, ¿qué **2 características** precisamos que tenga el "**numeroso**" tráfico para ser considerado como tal? Los dos rasgos distintivos del **tráfico de calidad** son:

    1# Conexión & Relevancia
    2# Poder adquisitivo

1# Conexión & Relevancia

No todo vale. Cualquier tráfico de usuarios no sirve. Tienen que ser usuarios que conecten con el contenido del blog. Usuarios a los que les parezca relevante tu sitio web y los productos que promocionas.

De nada sirve atraer 100.000 usuarios a tu blog "Mundo Gatuno" que resultan ser alérgicos a los felinos.
Has logrado obtener tráfico pero, no eres capaz de obtener conversiones, ni comisiones.
"Mal negocio brother"

En definitiva, capta **usuarios relevantes.** Son relevantes los que muestran interés por tu contenido y los productos que promocionas. Los adoran. Los aman.

2 # Poder adquisitivo

Son potenciales clientes **si tienen poder adquisitivo para comprar** los productos que promocionas. Tienen pasta, money y pueden pagar.

A este colectivo tus consejos les resultan útiles, valiosos y además tienen **capacidad de compra**, pueden adquirir los productos que promocionas en tu sitio web de marketing de afiliación.

Hipótesis

Lanzas el blog: deportivosdeinfarto.com. Publicas contenido valioso, excelente, interesante, pero la audiencia de tu web proviene de países en vías de desarrollo con un salario medio de **100 $ mensuales, en este caso, amigo mío**, difícilmente vas a poder monetizar tu web, no pueden adquirir los productos que promocionas.

Tienes audiencia, hay tráfico. Les interesa tu contenido, pero **tu público carece de capacidad de compra. De poder adquisitivo.**

No hay conversiones. No hay comisiones. No son usuarios relevantes para un blog que promociona productos para propietarios de esas marcas (Ferrari, Lamborghini, Lotus…).

Habrá conexión, tráfico, interés por tu contenido, pero no se producirán conversiones por falta de poder adquisitivo.

$ $ $ $ $

Cómo atraer tráfico a tus links de afiliado
Los 15 métodos infalibles para conseguir 15.000 visitas gratis en 15 días.

El tráfico es igual de importante como la afluencia de clientes lo es a una tienda física. No hay tráfico. No hay ventas. No hay negocio.
Game over.

Las **15 fuentes** más importantes a tu alcance para obtener **15.000** visitas de tráfico gratuito en **15 días** a tu web y links de afiliación son:

1. **Crea contenido de valor.** Post publicados en el blog con información relevante para la comunidad que te sigue, es lo que llamamos marketing de contenido o Inbound Marketing.
2. **Haz SEO.** Aplica estrategias de posicionamiento orgánico para que tu contenido de valor aparezca en las primeras posiciones en Google.
3. **Escribe** en calidad de invitado en **blogs de temática similar** al tuyo.
4. Deja **comentarios** en blogs afines.
5. Comparte el contenido en **Redes Sociales.**
6. Incluye la dirección de tu blog en la **firma de tus emails**
7. **Email marketing**. Crea tu listado de suscriptores y haz email marketing de manera periódica.
8. Responde preguntas en **Quora.**
9. Graba y difunde vídeos en **YouTube**. En la descripción de cada vídeo incluye el dominio de tu blog y los links de los productos que promocionas.
10. **Webinars** en directo. Haz publicidad de tu blog.
11. **Redes sociales.** Facebook, Instagram, Twitter…, en cada publicación que compartas en redes sociales incluye tus links de afiliación.
12. En la plataforma de **mensajería instantánea** como whatsapp o telegram que utilizas haz publicidad de tu blog y promociona productos entre tus contactos y grupos.

13. Incluye la dirección del blog y enlaces de afiliación en el contenido que crees en formato **eBook**, o en **PDF**, en presentaciones en **power point** (...)
14. Quizás desde tus **podcast**...
15. Participando en **foros**, Aporta contenido de valor incluye tus links de afiliado.

Veamos cada una de estas potentes fuentes capaces de proporcionar tráfico gratuito a nuestra web:

1.- Contenido de valor. Qué es y como crearlo. Ser o no ser

No se trata de ti. Se trata de ellos

Principios que debe cumplir el contenido para ser considerado como valioso en el marketing de afiliación:

#Sé valioso. Sé interesante #

Es valioso e interesante el contenido que soluciona los problemas de tu audiencia. Nada más. Ni nada menos.

Esta es la primera gran idea que debes anclar en tu mente, si quieres ser el propietario de un exitoso negocio de marketing de afiliación capaz de facturar **10.000€** todos los meses.

Cuando hablamos de contenido de valor, nos estamos refiriendo a generar información que:
- Ayuda a las personas
- Soluciona sus problemas
- Es un recurso útil
- Marca la diferencia
- Único, solo publicado en tu blog

Hazlo distinto. Hazlo útil. Hazlo único o **no lo hagas**

#Sé interesante. Conecta con tu audiencia #

Crea temas que respondan a inquietudes y preocupaciones de la audiencia (relevante) de tu sitio web.

Herramienta

Una excelente herramienta en este sentido es **Quora**. Es una plataforma que conecta a usuarios que tienen inquietudes y **hacen preguntas**, con internautas que aportan soluciones y **proporcionan respuestas.**

Investiga en Quora qué **preocupa** a tu comunidad y aporta la solución en tu blog. Hazlo y estarás generando contenido valioso.

Veamos cómo aplicarla. **Historia de perros.** Supongamos que adoras a los perros, tienes un pastor alemán que adoptaste cuando era un cachorro.

Has decidido crear el blog cachorrosfelices.com, vas a crear contenido fruto de tus conocimientos adquiridos desde la experiencia adquirida criandolo. Estás en disposición de aportar valiosos consejos.

Vas a monetizar el blog con los siguientes programas de afiliación:
- zooplus.com
- Amazon Associates

Investigas en **Quora** qué preocupa a los dueños de los cachorros, sobre todo a los primerizos, éstos se muestran dispuestos a tirar de tarjeta bancaria con facilidad, de la misma manera que sucede con los "Homo Sapiens primerizos", todo es poco cuando se trata del primer cachorro, ¿no? :)

Compruebas que hay un tema que preocupa a la mayoría de los dueños primerizos de un cachorro:

"Cómo entrenar a un cachorro para que haga sus necesidades fuera de casa"

Voilá, ya tienes el primer tema de interés general para tu blog. Seguiremos utilizando Quora para detectar qué más temas interesan y preocupan a nuestra audiencia y publicaremos contenido valioso, capaz de proporcionar soluciones.

#Sé viral #
Lo ideal es que tu contenido se difunda a través de las redes sociales y en aplicaciones de mensajería instantánea (whatsapp, telegram...)

Lograr contenido viral significa que tus usuarios, tu comunidad y, la audiencia de tu audiencia, difunden el contenido de tu blog, se dispara el alcance, aumenta el tráfico a tu web, sin coste alguno. Gratis. Free.

Pero, ¿qué hace que un post sea viral? Algunos rasgos distintivos que provocan la viralidad son contenido que...

- **Emocione.** Lo consigue el sentido del humor, el contenido inteligente, sorprendente, curioso, innovador..., Cuenta historias que estimulan emociones positivas y las probabilidades de que el contenido sea viral se disparan.
- **SEO optimizado.** Cumple las reglas de optimización SEO. Las veremos más adelante. El contenido interesante y bien optimizado facilita aparecer en las primeras posiciones en Google. En este caso los usuarios clican, leen y comparten.
- **Titular de impacto.** El título de tu post marca la diferencia. Los estudios indican que un título atrayente hace que 8 de cada 10 internautas hagan clic y continúen leyendo.
- **Líder de opinión.** Cuando tu comunidad te considera un líder de opinión, dan credibilidad a todos tus consejos, es lo que tiene que te consideren un experto en la materia. Llegados a este punto es fácil que compartan el contenido en su red social favorita.

Sergio Ramos vs. Sergio Tramos

Cuando **Sergio Ramos** publica contenido en su cuenta de twitter, donde tiene ciento de miles de seguidores, las probabilidades de ser retwitteado son mayores, que si el mismo contenido es compartido por **Sergio Tramos** que cuenta con una decena de seguidores y dista mucho de ser un líder de opinión.

Una vez más, comprobamos que para generar tráfico y conseguir viralizar contenido, en buena medida, sigue siendo una cuestión de números y de tamaño.

Cientos de miles de seguidores de **Sergio Ramos**, frente a unas decenas de **Sergio Tramos**, no hay color...
EL TAMAÑO, en este caso, SÍ IMPORTA :)

- **Número de palabras. Extensión. El tamaño aquí también importa.** Los estudios demuestran que los artículos con contenido útil, y con una extensión de alrededor de **2.000 palabras** se difunden más.

¿Por qué? El motivo es porque un contenido bien redactado, que soluciona problemas y con una extensión de 2.000 palabras, proporciona suficiente información útil que merece que la red de tu audiencia la conozca y por este motivo decidimos compartirla.

El esfuerzo, en este caso, obtiene recompensa en forma de retweets.

Por último, crea un calendario de publicaciones. Planifica. Haz un esfuerzo, elabora un programa de publicaciones, decide qué periodicidad va a tener tu contenido. Crea el calendario y transmítelo a tu comunidad.

Caso de éxito
El artículo: *"El mejor pienso para perros",* publicado en el blog lomejorparamican.com, ha sido **compartido 83 veces** en **Facebook** en el momento de escribir este libro.

Por cierto, esta web monetiza con Amazon Associates.

2.- Posicionamiento orgánico. Haz SEO

No es suficiente con crear contenido valioso. Tienes que tener una estrategia SEO para que tus publicaciones aparezcan en las primeras posiciones en Google.

Principales factores que afectan al posicionamiento en buscadores son:

- **Tiempo de carga del blog.** Los blogs que tardan en encargar son penalizados por el algoritmo de Google y, su contenido se posiciona peor.
  Tienes a tu disposición plugins gratuitos, herramientas que optimizan los tiempos de carga de tu WordPress. El objetivo, es que tu blog cargue en menos de un segundo.
- **Facilidad de navegación.** El contenido del blog tiene que estar bien estructurado, que resulte fácil su localización.
- **Contenido de calidad,** interesante, relevante y **único**. El copia pega no posiciona Google.
- **Rico en palabras clave.** Haz un estudio de **"Palabras Clave",** de Keywords.
  Averigua qué busca tu audiencia en google. Utiliza herramientas SEO de análisis de keywords como Google Keyword Planner de Adwords o Keyword Surfer, te resultará útil para averiguar:
  - **Volumen** de búsquedas de cada término.
  - **Competitividad**. Qué posibilidades tienes de posicionar tu contenido en los primeros resultados en Google (baja competencia) o todo lo contrario en caso de alta competencia (difícil que aparezcas en los primeros resultados de búsqueda)
  - Proporcionan términos similares.
- **Densidad de palabras clave.** El contenido de tu blog tiene que ser rico en las palabras clave que quieres posicionar pero sin pasarte.
  El número de palabras clave debe representar como máximo el **5%** del total del texto, por encima de este porcentaje Google te puede penalizar por spamer y, dejar de aparecer en los resultados de búsqueda.

- El **título y subtítulo** deben **contener** las palabras clave que quieras posicionar.
- Inserta **enlaces internos** en tus post. Los enlaces internos aportan valor a tu audiencia y facilita que Google pueda indexar el contenido.
  Hacer la vida fácil a las arañas de Google es un buen negocio para ti, porque incrementa las posibilidades de ver tu contenido en los primeros lugares.
- **Optimiza las imágenes.** En los post tienes que insertar imágenes, éstas atraen a los usuarios y generan tráfico, pero si pesan, el blog tarda en cargar y Google penaliza. Utiliza plugins que compriman las imágenes y pesen menos.

  Un plugin gratuito que cumple esta finalidad es: **Smush – Lazy Load Images, Optimize & Compress Images.**
  Descárgalo gratis en:
  https://es.wordpress.org/plugins/wp-smushit/
- **Publica con regularidad.** Google prioriza el contenido reciente y actualizado. Consejos:
  - Crea un calendario editorial
  - Pública con regularidad
  - Lanza los posts el mismo día y hora, crea expectación, que tu comunidad espere esa nueva publicación con impaciencia. Por ejemplo todos los miércoles a las 8:00, para que puedan leer mientras viajan en transporte público al trabajo.
  - Actualiza el contenido. Haz un plan renove. Realiza un lifting de tu contenido antiguo.
- **Diseño responsive.** El 80% del tráfico a los blog es a través de dispositivos móviles. La mayoría de las plantillas de WordPress son responsive, es decir, están diseñadas para adaptarse a todos los dispositivos móviles: sobremesa, tablets y smartphones.

3.- Escribir en blogs de temática similar al nuestro en calidad de invitado

Escribir como invitado una publicación en un blog ajeno de contenido similar al nuestro, es una excelente manera de conseguir tráfico gratuito, por los siguientes motivos:
- Accedemos a una **comunidad similar**. Si el blog es de temática parecida a la nuestra significa que su comunidad comparte los mismos intereses y, pueden acabar aterrizando en nuestro blog, siguiendo los links que hemos incluido en nuestra publicación.
Con un artículo bien escrito y útil podemos despertar su interés y descubrir el contenido valioso que atesora nuestro sitio web.
Recuerda **insertar links** que apunten a tu web, de esta manera obtener tráfico gratuito, de calidad y mejorar tu backlink.
Los enlaces a nuestro blog, estrategia de backlink, mejora nuestro **posicionamiento SEO.**
- Escribir en un blog que es un referente en el sector facilita ser reconocidos como **líderes de opinión.**
- **Incrementas tu lista de suscriptores,** porque puedes obtener sus direcciones de email e incrementar tu lista de inscritos a tu newsletter.

Escribir como invitado en un blog de calidad y bien posicionado en Google, incrementa la visibilidad de nuestro sitio web.
Mejora el posicionamiento orgánico.
Facilita que seamos reconocidos como líderes de opinión y permite obtener suscriptores a nuestra newsletter.

4.- Dejar comentarios en blogs afines
Escribir reseñas de valor, bien trabajadas, que aportan información útil, en blogs de calidad, con contenido afín e incluir enlaces que apuntan a nuestro sitio web, es otra manera fácil y gratuita de obtener tráfico de una audiencia similar a la nuestra.
5.- Comparte el contenido en redes sociales

Compartir tus entradas del blog en las redes sociales: Facebook, Twitter, Instagram, Pinterest, LinkedIn, es otra forma de darnos a conocer y obtener visitas.

Utiliza una herramienta como **hootsuite** para planificar y automatizar la publicación de contenido:
- Cuándo (día y hora)
- Dónde publicar los post (en qué red o redes sociales)

Incluye en tu blog botones para facilitar a los visitantes compartir los post en redes sociales y en aplicaciones de mensajería instantánea.

6.- Firma todos tus emails
Configura tu gestor de correo electrónico para que la dirección de tu blog aparezca en la firma de todos tus emails.

Además puedes incluir una llamada a la acción del tipo: (entra suscríbete y obtén gratis el ebook....). Se trata de una acción sencilla y sin coste para ti.

"Si añades un poco a lo poco y lo haces así con frecuencia, pronto llegará a ser mucho"

Hesíodo

7.- Email marketing. Transforma tu audiencia en comunidad.
El mejor y mayor activo de tu negocio de marketing de afiliación es tu lista de suscriptores.

Este listado permite que tengas la iniciativa para poder comunicarte con tu comunidad, cuando quieras. Crea tu listado de suscriptores y serás propietario de la audiencia de tu sitio web.

Depender de las redes sociales como canal de comunicación con tu comunidad es un peligro y un riesgo.

En esta situación, la comunidad pertenece a la red social, no es tuya. Tú tienes permiso para comunicarte con tu audiencia a través de ellos, pero si deja de estar de moda esa red o los usuarios migran a una nueva que lo peta… Bye bye comunidad, porque no era de tu propiedad, era prestada. La tenías arrendada.

En cambio, si tienes las direcciones de email de tus usuarios, podrás contactar con ellos cuando quieras. Pasarás de ser arrendatario a propietario.

Instala en WordPress una extensión para capturar los emails de tu comunidad, de tus usuarios. **Incentiva** la inscripción a tu lista de suscriptores, como dirían los romanos, haz...

Quid pro quo.
Algo por algo

Intercambia el email por un ebook, o por participar en un webinario, o en un sorteo..., lo que se te ocurra. Cuanto más valioso y apetecible sea el obsequio más contactos recabarás.

¡Viva el trueque!

Cuanto más valioso perciba el usuario el regalo, mayor será la cosecha de direcciones de correo electrónico que recolectes.

No seas cansino

No agotes a tu comunidad con envíos diarios

Evita utilizar un lenguaje próximo al colegueo

Anécdota

Hay "presuntos gurús", chamanes del "Todo a 100" sobre estos temas (afiliación, nomadeo digital, infoproductos...,) a los que a veces sigo, estoy suscrito a su lista de correos a título de "curioso antropólogo".

De vez en cuando hojeo sus emails, sobre todo si busco echar unas risas y quiero relajarme. Resulta increíble la gran preocupación que tienen por mi bienestar, me envían (persiguen) con **emails diarios, sí, sí todos los días** y leo una y otra vez...

—... Jack, me preocupas... ...No puedo dormir pensando ...
Jack por Dios, Buda y Jehová no pierdas esta oportunidad única, irrepetible...
... Jack, porfa, please, s'il vous...

¿Suenan creíbles? ¿Sinceros? ¿Quizás artificiales? En mi opinión son cansinos, muy cansinos y pesados...

Tres consejos para finalizar este apartado sobre email marketing:
A. **No agotes** a tu comunidad. No inundes de email la bandeja de entrada de tus usuarios, porque te calificarán como spammer.
B. **Muéstrate sincero**. No lo es quién está de repente extremadamente preocupado por mí bienestar y futuro. Todo ello sin conocernos de nada.
C. Gestiona tu lista de correos electrónicos con una potente plataforma de email marketing como: **Convertkit**.

8.- Responde preguntas en Quora

Antes hemos hablado de Quora, la plataforma que intermedia entre audiencia con dudas y usuarios que proporcionan respuestas, para averiguar qué preocupa a tu audiencia y escribir contenido a modo de solución.

Ahora te propongo utilizar **Quora** para responder dudas e inquietudes planteadas en esa plataforma sobre temas similares al contenido y productos promocionados en tu web.

Inserta en tus respuestas un enlace con el dominio de tu sitio online, los lectores de Quora te reconocerán como un experto en la materia y acabarán clicando en el enlace y navegando por tu blog. Más tráfico gratuito a tu sitio web.

9.- Vídeos en YouTube

Crea un canal en Youtube de la temática de tu blog y en la descripción de cada vídeo incluye links de afiliación y la dirección de tu blog.

10.- Webinars en directo

Retransmite webinars en directo para dar a conocer las bondades del producto que promocionas, aprovecha y difunde la dirección de tu blog.

11.- Redes sociales. Facebook, Instagram, Twitter... Comparte el contenido en tus redes sociales favoritas.

12.- Plataforma de mensajería instantánea como whatsapp o telegram

Crea grupos de usuarios en la plataforma de mensajería instantánea utilizas habitualmente y comparte contenido e información de los productos que promocionas.

13.- Incluye enlaces de afiliación en todo el material que creas, sea cual sea el formato, eBook, PDF, power point, infografía, en todos incluye siempre tus links de afiliado, a tu web y suscripción a la newsletter.

14.- Podcast...

Si consideras los podcast cómo canal idóneo para promocionar productos, recuerda grabar en cada episodio información de tu negocio de afiliación, nombre de la web, lugar al que dirigirse, más contenido publicado y cómo inscribirse a tu newsletter.

15.- Participa en foros

Otra opción es intervenir en foros de temática similar, ayudando a los integrantes de esa comunidad con información que ayuda a solucionar sus problemas, inquietudes y aportando información útil en general. A estas 15 fuentes añade cualquier otra que consideres que sirve a este fin.

Blogs que fracasan. Los tres errores más frecuentes y estúpidos que cometen. Cómo evitarlos

Las tres equivocaciones más graves y comunes que cometen los marketers novatos y los blogueros vagos son:
1. Llenar el blog de banners
2. Copiar y pegar contenido promocional
3. Sobredosis de elogios

Repasemos este hat-trick de los **"Homo Bloggers nada Sapiens"**:

1.- Los banners no convierten.
Los internautas hemos desarrollado todo una habilidad: la **ceguera a los banners**, pasamos de ellos, los obviamos, no hacemos caso.

Una estrategia para monetizar un blog de afiliados basada en plagar nuestra web con pancartas publicitarias está condenada al fracaso. Convierten en mayor proporción los links de afiliados que son **sabiamente insertados** a lo largo del contenido útil, relevante y único.

2.- Copiar y pegar contenido promocional
Cuando la estrategia de contenido se basa en un copia-pega de descripciones recogidas en la web, el marketer pierde el tiempo.

Es contenido nada relevante, no ayuda a los usuarios, no crea comunidad y difícilmente se posiciona en los buscadores. Con esta estrategia proclamamos…

> —¡Hey! No vuelvas por aquí. Vas a leer más de lo mismo que encuentras en cualquier otro blog. Nada nuevo …

En resumen, el copia y pega no posiciona en Google. No obtendrás tráfico orgánico, el bloguero que actúa así, si quiere obtener comisiones, tendrá que comprar el tráfico, invertir en publicidad, porque no lo obtendrá por posicionamiento (orgánico).

> *El profesional que aspira a un modelo de negocio de marketing de afiliación saneado, tiene que generar contenido de calidad y único.*

No puede basar su estrategia de contenidos en más de lo mismo.

3.- Sobredosis de elogios

"Puedes engañar a todo el mundo algún tiempo. Puedes engañar a algunos todo el tiempo. Pero no puedes engañar a todo el mundo todo el tiempo"

Abraham Lincoln

El mayor activo de un marketer de afiliación exitoso es su credibilidad. La comunidad tiene que apreciar honestidad en todas tus opiniones y recomendaciones.

Tienes que resultar **creíble** a tus usuarios. Cuando lo consigues es más fácil conseguir que sigan tus enlaces de afiliación, enviar tráfico a la web del comerciante, que se produzcan conversiones y obtengas tus comisiones. Elige en qué lado de la cancha prefieres jugar:

1.- Eres creíble. Te harán caso. Habrá conversiones, comisiones y dinero a tu cuenta bancaria. De propina tu contenido será viral, más tráfico, más conversiones...

2.- No perciben sinceridad en tus propuestas. No habrá conversiones, ni comisiones y tu cuenta bancaria seguirá adquiriendo una preocupante tonalidad rojiza.

$ $ $ $ $

Descubre los 20 mejores programas de afiliación para principiantes que quieren pasar de 0€ a 10.000€ mensuales

Los **20 excelentes programas** para iniciarse en el mundo del marketing de afiliación son:

1. Amazon Associates
2. ClickBank
3. Hotmart
4. Siteground
5. Bluehost
6. Kinsta
7. Namecheap
8. Long Tail Pro
9. Short Pixel
10. Fiverr
11. Udemy
12. Coursera
13. Canva
14. Hostgator
15. EBay Partner Network
16. Teachable
17. Printful
18. Adultfrienfinder.com
19. Aliexpress
20. Booking

Nota. La estimación de visitas está hecha con la aplicación de similarsites.com

1. Amazon Associates

Amazon Associates es el programa de afiliación de Amazon. Es probablemente el programa de afiliados más grande que existe. Amazon ayuda a los creadores de contenido, webmasters, editores y blogueros a monetizar su tráfico.

Repasemos las cifras de este coloso del comercio digital. Son impresionantes. Destacamos:
- Facturación 2020: **386** mil millones de dólares
- Beneficio neto: **21.330** millones de dólares
- Plantilla a nivel mundial: 1,3 millones de trabajadores
- **400** millones de productos a la venta en su catálogo y aumentando tanto en productos como en categorías.
Tráfico mensual de visitas a sus webs:
- Amazon.com: **2.000** millones de visitas mensuales
- Amazon.es: **150** millones de visitas mensuales
- Amazon.co.uk: **286** millones de visitas mensuales

Como afiliado puedes aprovechar en tu beneficio este imperio de las ventas online gracias a su programa de afiliados: **Amazon Associates.**

Amazon pone a tu disposición más de **400 millones de productos** y diversos programas disponibles. Los asociados (afiliados) tienen herramientas para crear enlaces que dirijan a su audiencia a la web de Amazon y ganar dinero gracias a las comisiones abonadas.

Tabla con las **comisiones** abonadas por **Amazon Associates**

Categoría de productos	Ingresos por comisiones estándar
	Compras Adscritas Directas
Amazon Moda Ropa, zapatos, joyería, relojes, equipaje, las marcas privadas de Amazon moda (mujer, hombre, niños)	10 %
	12 %

Handmade	10 %
Hogar Muebles, bricolaje, hogar, cocina y comedor, patio, césped y jardín, herramientas eléctricas y manuales	7 %
	8 %
Consumibles Cerveza, vino y licores, alimentación, productos para mascotas bebé, belleza, salud y cuidado personal, aparatos de cuidado personal, suministros de papelería y oficina	6 %
	7 %
Digital & media Libros, ebooks para Kindle, música, DVD y Blu-ray, videojuegos digitales, software, software digital, música digital, video digital	6 %
	7 %
Hobbies y Coche Ocio al aire libre, juguetes y juegos, deportes y fitness, instrumentos musicales, coche y moto, productos de empresa e industria	6 %
	7 %
Dispositivos Amazon Fire TV, dispositivos Kindle y Echo y accesorios	3 %
	4 %
Electrónica e Informática Informática, electrónica, fotografía, gran electrodoméstico, entretenimiento del hogar, smartphones y telefonía móvil, videojuegos	3 %
	4 %
Consolas de videojuegos	1 %
Resto de categorías (excepto cheques regalo)	3 %
Compras Prime Wardrobe, cheques regalo	0 %

¿Qué significa "Compra Adscrita Directa" y "Compra Adscrita Indirecta"?

Compra Adscrita Directa. La Compra Adscrita de un Producto que pertenezca a la misma Categoría de Producto que la página de detalle del producto a la que se accede mediante el "Enlace Especial" que dio lugar a dicha Compra Adscrita.

Compra Adscrita Indirecta. La Compra Adscrita de un Producto que se encuentre en una Categoría de Producto diferente a la de la página de detalle del producto a la que se accede desde el "Enlace Especial" que dio lugar a dicha Compra Adscrita. Amazon Associates abona 1,5% por este concepto, salvo consolas de videojuegos (1%), compras Prime Wardrobe y cheques regalo (0%)

Fuente: https://afiliados.amazon.es/help/operating/schedule

Suscribirse a Amazon Associates:
https://afiliados.amazon.es/signup

2. **ClickBank**

ClickBank es un minorista de comercio electrónico de **productos digitales.** Tráfico mensual estimado: **400.000** visitas. Destacamos:

- Clickbank vende infoproductos (productos digitales) que son comercializados a través de su red de afiliados
- En definitiva, ClickBank es un Marketplace, un punto de encuentro entre creadores de infoproductos (ebooks, vídeo cursos, audiolibros…) y los afiliados encargados de promover y dar a conocer ese contenido digital.
- Tipo de productos a la venta en ClickBank:
    - Cursos
    - Ebooks
    - Software
    - Programas de entrenamiento
    - Métodos
    - Audiolibros
- Categorías recogidas en ClickBank:
    - Arte y entretenimiento

- Productos promocionados en televisión
- E-Business & E-Marketing
- Games
- Salud & Fitness
- Casa & Jardín
- Idiomas
- Paternidad & Familia
- Autoayuda
- Espiritualidad, Nueva Era y Creencias Alternativas

Cifras de ClickBank:
1. **4.000** productos digitales a la venta en el Marketplace.
2. **4.200** millones de $ comisiones abonadas a los afiliados.
3. **220** millones de clientes de 190 países.

La **comisión** que pueden obtener los afiliados puede ser de hasta **el 90%**.

Unirse al programa de afiliados de ClickBank:
https://accounts.clickbank.com/master/makebank.html

3. Hotmart

Hotmart es un Marketplace de venta y distribución de productos digitales.

Tráfico mensual estimado de hotmart.com: **62.000.000** visitas mensuales. En su web, hotmail se autodenomina como una plataforma de aprendizaje a distancia centrada en América Latina.

Es la plataforma de aprendizaje a distancia más grande y completa de América Latina, con:
- **420.000 productos** registrados
- **29 millones** de usuarios
- Ventas en **188 países**

La plataforma de Hotmart facilita la distribución de productos digitales, proporciona servicio de hospedaje de estos productos, herramientas que auxilian en su venta, procesar los pagos de estas ventas y repartir el valor a las partes involucradas (productores de contenido y afiliados) de manera automatizada. **Hotmart** es, en buena medida, el equivalente latino de ClickBank.

Tipos de productos digitales o infoproductos que se comercializan en Hotmart:
- Ebooks PDF o EPUB
- Audiolibros, podcasts y música (mp3, wma);
- Lecciones en video
- Conferencias y screencasts (MPEG, FLV, MOV, WMV)
- Software
- Imágenes
- Scripts y cualquier otro formato de archivo que se pueda descargar a través de Internet
- Suscripciones que permiten obtener comisiones recurrentes a los afiliados y productores…

La **comisión** que se abona al afiliado puede llegar a ser superior al **80%**.

Suscríbete al programa de afiliados de Hotmart:
https://www.hotmart.com/es/affiliates

4. **Siteground**

SiteGround es una empresa de alojamiento web, en la actualidad tiene registrados dos millones de dominios en todo el mundo.

Tráfico mensual estimado: **26.000** visitas. Servicios que proporciona siteground.es:
- Alojamiento compartido
- Alojamiento en la nube
- Soluciones empresariales
- Gestores de correo electrónico
- Registro dominio

Características del programa de afiliación de Siteground:
- **Comisiones abonadas (2021).** Hay un escalado en función del número de ventas mensuales:
    - 1-5 Ventas /mes 40€ /venta
    - 6-10 Ventas /mes 60€ /venta
    - 11-20 Ventas /mes 75€ /venta

- 21+ Ventas /mes Comisiones personalizadas
- Pagos semanales
- Sin límites mínimos de pago

Unirse al programa afiliados: https://www.siteground.es/afiliados

5. **Bluehost**

Bluehost es una de las compañías más populares de alojamiento web.

- En la actualidad cuenta con más de 2.000.000 de sitios alojados en sus servidores.
- Número de visitas mensuales estimadas: **796.000**

Bluehost comercializa y proporciona:
- Alojamiento de WordPress
- Hospedaje
    - Alojamiento compartido
    - Alojamiento dedicado
    - Alojamiento VPS
- Dominios
- Tienda en línea
- Servicios profesionales
    - SEO. Posicionamiento orgánico
    - SEM. Publicidad en base a pago por click. PPC
- Correo electrónico

Comisiones abonadas en el programa de afiliados:
- 65$ por cada venta de hosting

Bluehost paga la comisión 45 días después de la compra. El pago se procesa entre el 16 y el último día del mes. El afiliado tiene que tener en su saldo un mínimo de 100$ para que se libere el pago.

Suscríbete al programa afiliados: https://www.bluehost.com/affiliates

6. **Kinsta**

Empresa de **hosting** especializada en **WordPress** administrado de calidad. Tráfico mensual estimado: **3.970.000** visitas

Características del hosting de Kinsta:
- Totalmente gestionado

- Hosting seguro, tanto como lo es Fort Knox
- Migraciones gratuitas
- Velocidad máxima de descarga superior a su competencia
- Copias de seguridad diarias
- Google Cloud Platform

Programa afiliados de Kinsta:
- Puedes ganar hasta **500$** por cada cliente referido que contrate un plan de alojamiento.
- **10%** de comisión mensual **recurrente** para siempre. De por vida.

Únete al programa de afiliados de Kinsta:
https://affiliate.kinsta.com/register

7. Namecheap

Namecheap es un registrador de nombres de dominio acreditado por ICANN. Proporciona registro de dominio y alojamiento web. Tráfico mensual estimado: **2.000.000 de visitas**

Namecheap en cifras:
- 11 millones de usuarios
- 10 millones de dominios registrados

Servicios proporcionados por Namecheap:
- Registro de dominios
- Hospedaje
- Alojamiento especializado en WordPress
- Servicios de correo electrónico
- Seguridad

Características del programa de afiliados de Namecheap.
Comisiones:

Producto	Comisiones
Dominios (registros / transferencias)	20%
Paquetes de hospedaje (planes Stellar, Reseller, VPS y Servidores Dedicados)	35%
Certificados SSL	35%
Correo electrónico privado	20%

Premium DNS	20%

VPN

Prueba mensual gratuita	$ 2 * por registro y 40% por hasta 9 meses
Plan de 1 año y plan de 3 años	50%

Fuente: https://www.namecheap.com/commission-rates
Únete al programa de afiliados de Namecheap:
https://www.namecheap.com/affiliates/

8. Long Tail Pro

Long Tail Pro es una herramienta de búsqueda de palabras clave de cola larga. Facilita el trabajo de posicionamiento orgánico (SEO). Tráfico mensual estimado: **15.000** visitas

Long Tail Pro ayuda a encontrar miles de palabras clave de cola larga (long tail), facilita implementar técnicas SEO, porque permite averiguar qué contenido relevante crear en base a esas keywords long tail proporcionadas por esta herramienta.

Se trata de palabras clave menos competitivas y que te pueden brindar miles de visitas a tu blog.

Tasa de comisión que ofrecen: 30% de todas las ventas con carácter **recurrente.** De por vida.

Hazte afiliado de Long Tail Pro:
https://longtailpro.com/become-an-affiliate-of-long-tail-pro/#become-an-affiliate

9. Short Pixel

Es una herramienta para comprimir y optimizar las imágenes, que éstas pesen menos. Tráfico mensual estimado: **10.000** visitas. Los beneficios utilizar Short Pixel son:

- Incrementar la velocidad de carga de la web.
- Mejorar el ranking SEO del sitio.

Tasa de comisión: **30% recurrente,** mes a mes. De por vida

Inscribirse en el programa de afiliados Short Pixel:

https://shortpixel.com/free-sign-up-affiliate

10. Fiverr

Fiverr es un marketplace de servicios digitales. Los freelance ofrecen a través de esta plataforma sus servicios a clientes de todo el mundo:

Tráfico mensual estimado de:
- fiverr.com: 2.750.000 visitas (Global)
- es.fiverr.com: 76.000 visitas (España)
- Fiverr tiene más de **300 categorías.**
- En 2020 **facturó 107 millones de dólares.**

Tasa de comisiones.

La Comisión oscila entre los 15 y 150 $ americanos en la primera compra del usuario de un producto en Fiverr. En función de la categoría del producto percibirá:

$ 150
- Todos los servicios de Fiverr Pro

$ 50
- Diseño industrial y de producto.
- Gráficos y Diseño
- Ciencia de los datos
- Datos
- Aplicaciones móviles
- Programación y tecnología
- Desarrollo de comercio electrónico
- Programación y tecnología

$ 40
- Creadores de sitios web y CMS
- Programación y tecnología
- Vídeos con letras y música
- Video y animación
- Programación web
- Programación y tecnología

- Procesamiento de datos
- Datos
- Arquitectura y Diseño de Interiores
- Diseño gráfico
- Desarrollo de juegos
- Programación y tecnología
- Diseño web y móvil
- Diseño gráfico

$ 30

- Creador de logotipos
- SEO
- Publicidad digital
- Camisetas y mercancía
- Diseño gráfico
- Investigación y resúmenes
- Escritura y traducción
- Consulta de trabajo
- Negocio
- Corrección y edición
- Escritura y traducción
- Consulta financiera
- Negocio
- Productores y compositores
- Música y audio

$ 25

- Ilustración
- Diseño gráfico
- Juego de azar
- Estilo de vida
- Artículos y publicaciones de blog
- Escritura y traducción
- Video marketing
- Publicidad digital
- Marketing de medios sociales
- Publicidad digital
- Redacción de currículum
- Escritura y traducción

- Narración
- Música y audio
- Anuncios de video cortos
- Video y animación

$ 15
- Resto de categorías no contempladas

✓ Fiverr Business: **$ 100 + 10%** durante 12 meses
✓ Fiverr Affiliates: **10%** de las ganancias de cada afiliado referido durante toda su vida
✓ Learn from Fiverr: **30%** por cada venta de curso

Únete al programa de afiliados de Fiverr:
https://www.fiverr.com/affiliates/signup

11. Udemy

Udemy es una plataforma de aprendizaje y enseñanza en línea con:
- **155.000** cursos
- **40** millones de estudiantes
- Tráfico mensual estimado: **110.000.000** visitas

Udemy proporciona herramientas para que los usuarios puedan crear un curso, promocionarlo y ganar dinero gracias a los pagos por inscripción que abonan los estudiantes.

La tasa de comisión que abona Udemy es del **15%**. Cuando las ventas del afiliado superan los 5.000 $ mensuales se incrementa el porcentaje abonado.

Inscripción al programa de afiliados de Udemy:
https://affiliatesupport.udemy.com/hc/es/articles

12. Coursera

Marketplace con cursos online de más de 200 universidades y empresas de prestigio como Google e IBM. Tráfico mensual estimado: **9.000.000** visitas.

Coursera en cifras:
- 75 millones de estudiantes inscritos de manera individual

- Los empleados de más de 100 compañías de la lista de Fortune 500 utilizan sus cursos.
- Más de 6,400 campus, empresas y gobiernos vienen a Coursera para acceder a su formación online.

Características del programa de afiliación:
- Tasa de comisión para los afiliados: entre el **10%** y el **45% de CPA**
- Duración de la Cookie: **30 días**

Suscripción al programa de afiliados de Coursera:
https://app.partnersmy.com/affiliates/signup.php#SignupForm

13. Canva

El mejor sitio web de diseño online. Canva es un software con un conjunto de herramientas de diseño gráfico. Utiliza un formato de arrastrar y soltar.

Canva en cifras:
- Da acceso a más de 60 millones de fotografías.
- 5 millones de vectores, gráficos y fuentes.
- Tráfico mensual estimado: **9.500.000** visitas
- Canva tiene 15 millones de usuarios de 190 países.

Es de uso sencillo y rápido aprendizaje. Utilizado por profesionales y amateur del diseño gráfico.

Programa de afiliación de canva. Comisiones abonadas:
- Abonan hasta **36 USD** por cada usuario que se suscriba a Canva Pro
- Cuenta con opciones de pagos recurrentes.

Suscripción al programa de afiliados de canva:
https://app.impact.com/campaign-promo-signup/Canva.brand?execution=e1s1

14. Hostgator

Hostgator es proveedor de:
- Hosting compartido, revendedores, VPS y dedicado
- Registro de dominios

- Creador de sitios web

Tráfico mensual estimado: **225.000** visitas

Tasas de comisiones abonadas:
- 1-5 ventas: 65 $ / suscripción
- 6-10 ventas: 75 $ / suscripción
- 11-20 ventas: 100 $ / suscripción
- 21 + ventas: 125 $ / descripción

El afiliado que logre 21 suscripciones en el mes obtiene ingresos de **2.625 dólares,** no está nada mal.

Suscripción al programa de afiliación de Hostgator:
https://www.hostgator.com/affiliates

15. EBay Partner Network

Ebay es una plataforma de subasta y comercio electrónico. Tráfico mensual estimado:
- ebay.com   **176.000.000** visitas
- ebay.es   **9.350.000** visitas

En ebay se puede transaccionar una gran variedad de productos y servicios, como por ejemplo artículos de:
- Tecnología
- Motor
- Coleccionismo
- Moda
- Niño bebé
- Casa y jardín
- Deporte
- Artículos para mascotas
- Equipamiento industrial…

En eBay puedes encontrar productos nuevos y de segunda mano, comprar de manera directa o en una subasta si tu puja es la más alta.

Cifras de eBay:
- 1,4 mil millones de artículos a la venta
- El 80 % de los artículos son nuevos
- 183 millones de compradores

- Trabaja en 190 mercados
- El 90% si los artículos están en la categoría: "Cómpralo ahora"

Comisiones abonadas por ebay. Las comisiones que abona eBay por cada venta arrancan en el 1% (inmobiliaria) hasta el 4% (Recambio y accesorios. Moda)

Puedes ver lo que corresponde a cada categoría en la tabla adjunta y descargar el PDF en el siguiente enlace:

Tabla de tasas

Categorías	Subcategorías	% de ventas	Cap (USD)
Empresas e industria	Empresas e industria	2.5%	$225
Artículos para coleccionar	Arte y antigüedades; Billetes y monedas; Artesanía; Muñecas y peluches; Coleccionables varios; Sellos; Juguetes, juegos y aficiones; Artículos del mundo del espectáculo; Deportes y ocio; Cerámica y cristal	3.0%	$550
Electrónica	Cámaras y fotografía; Móviles y accesorios; Televisión, imagen y sonido; Videojuegos y consolas	2.0%	$550
	Ordenadores/Tabletas y operación en red	1.5%	$550
Moda	Ropa, zapatos y accesorios; Salud y belleza; Joyería y relojes	4.0%	$550
Casa y Jardín	Bebidas alcohólicas y alimentación, Bebé, Casa y jardín varios, Electrodomésticos, Artículos para mascotas	3.0%	$550
Estilo de vida	Tarjetas regalo y cupones, Estilo de vida varios, Instrumentos musicales, Entradas y eventos, Deporte	3.0%	$550
Medios de difusión	Libros, cómics y revistas; DVD y películas; Música	3.0%	$550
Recambios y accesorios	eBay Motor	4.0%	$100
	Recambios y accesorios de vehículos	3.0%	$550
Inmobiliaria	Inmobiliaria	1.0%	$100
Otras	Otras	4.0%	$550

https://partnernetwork.ebay.es/page/rate-card

Suscripción al programa de afiliados de eBay:
https://partnernetwork.ebay.es/

16. Teachable

Teachable es una plataforma de e-learning tipo SAAS (Software As A Service), para crear y vender cursos online, servicios de coaching y suscripciones. Tráfico mensual estimado: **372.000 visitas**

Características del programa de afiliados:
- **Desde 30% hasta 50%** de comisión, en función del número de conversiones del afiliado.
- Comisiones recurrentes: **30%** (en las suscripciones a programas de coaching o mentoría)
- Duración de las cookies: **90 días**
   Inscripción en el programa de afiliados:
   https://teachable.com/partners

17. Printful

Printful es el líder mundial en servicios de **impresión bajo demanda y envío directo** (dropshipping) que permite escalar marcas y negocios sin invertir en inventario. Tráfico mensual previsto: **445.000 visitas**

Printful ayuda a la gente a convertir sus ideas en marcas y productos.

Categorías de productos que el emprendedor puede diseñar, vender y Printful confeccionar y enviar a los clientes son:
- Ropa de hombre
- Ropa de mujer
- Ropa para niños y adolescentes
- Gorros y gorras
- Ropa de hombre
- Ropa de mujer
- Ropa para niños y adolescentes
- Gorros y gorras
- Accesorios
- Bolsas
- Mochilas

- Riñoneras
- Fundas para el móvil
- Decoración del hogar
- Colecciones
- Marcas
- Todas las camisetas
- Camisetas
- Camisetas all over
- Camisetas de tirantes
- Crop tops
- Camisetas bordadas
- Camisetas media manga
- Camisetas manga larga
- Todas las sudaderas
- Sudaderas con capucha
- Sudaderas
- Chaquetas
- Pantalones
- Pantalones de deporte
- Leggins
- Faldas
- Shorts
- Vestidos
- Trajes de baño
- Sujetadores deportivos
- Decoración del hogar
- Camisetas
- Camisetas all over
- Camisetas de tirantes
- Crop tops
- Camisetas bordadas
- Camisetas media manga
- Camisetas manga larga
- Sudaderas con capucha
- Sudaderas
- Chaquetas
- Pantalones

- Pantalones de deporte
- Leggins
- Faldas
- Shorts
- Vestidos
- Trajes de baño
- Sujetadores deportivos

(…)

Tasa de comisión: **10%** de todos los pedidos realizados por los clientes presentados y durante **9 meses.**

Inscripción al programa de afiliados:
https://www.printful.com/es/auth/register

18. adultfriendfinder.com

adultfriender.com es un sitio de citas para adultos. Es una comunidad de intercambio de parejas.

adultfriendfinder.com en **cifras:**
- 98,897,765 Fotos sexis
- 3,179,583 Conexiones
- Tráfico mensual estimado: **1.140.000** visitas

Características del programa de afiliación:
- Comisión de **hasta el 75%** en suscripciones iniciales y hasta el **55%** en pedidos recurrentes.
- Abona las comisiones con periodicidad **semanal.**

Suscripción a programa de afiliados:
https://secure.adultfriendfinder.com/p/partners/affiliates

19. Aliexpress

AliExpress es un ecommerce, un marketplace, una plataforma de comunicación entre vendedores y compradores. Fundada en el año 2010 en China. Pertenece al grupo Alibaba. Tráfico mensual estimado de aliexpress.com: 464.**000.000** visitas

Aliexpress ofrece los siguientes servicios:
- Venta a consumidores
- Computación en la nube

- Medios de pago

Awin, plataforma de afiliación proporciona la siguiente información: **Tasas de comisiones recogidas en su programa de afiliados (2021) del:**

6,92%
Todos los productos excepto electrónicos, incluidos: ropa de mujer / ropa de hombre / ropa de niños / accesorios / accesorios de telefonía móvil / accesorios de interior / suministros de jardín
2,3%
Electrónica: incluidos teléfonos móviles / periféricos de ordenador / tabletas / ordenadores de sobremesa / portátiles / equipos de audio / vídeo domésticos / almacenamiento externo / almacenamiento interno
5,38%
Otras categorías

De media, Aliexpress tiene para los afiliados tasas de conversión muy elevadas, de entre el **25% y 30%**. Significa que una elevada cantidad del tráfico dirigido a booking hace una reserva en su plataforma y, el afiliado obtiene su comisión.

Como aspecto negativo de este programa de afiliación es que la **comisión máxima** que abonan es de **33 € por venta**. En cambio, el programa de afiliados Amazon Associates, no tiene esta restricción.

Inscripción en el programa de afiliación de Aliexpress:
- **Awin:** https://ui.awin.com/publisher-signup/es/awin/step1
- Directamente en aliexpress.com:
  https://portals.aliexpress.com/

20. Booking

Booking.com facilita a millones de viajeros vivir experiencias únicas. Booking proporciona diversas opciones de transporte y alojamiento.

Tráfico mensual estima de booking.com: **145.000.000** visitas

Booking es una plataforma de viajes. Reúne a marcas consolidadas (Meliá, NH, Novotel…) y a emprendedores de todos los tamaños (apartamentos de propietarios).

Booking.com está disponible en 43 idiomas y ofrece más de 28 millones de opciones de alojamiento, incluidas más de 6,2 millones de opciones en casas, apartamentos y otros alojamientos únicos.

Booking en cifras:
- 29.475.748 de habitaciones
- 2.563.380 de alojamientos
- 1.550.000 de noches reservadas cada día

Fuente: https://www.booking.com/content/about.es.html

Principales **características** de su programa de afiliación:
- Tasas de comisiones del programa de afiliación de booking.com.

Nº reservas / mes	% Ingresos Afiliado
0-50	25%
51/150	30%
151-500	35%
501+	40%

Fuente: https://affiliates-support.booking.com
- Duración de la cookie: 24 horas

Inscripción programa de afiliados de booking:
https://www.booking.com/affiliate-program/v2/index.es.html

$ $ $ $ $

Las 25 mejores webs de marketing de afiliación. La número 15 es alucinante. Déjate inspirar

En este capítulo vamos a ver y analizar **25 sitios web** que monetizan a través del marketing de afiliación.

Estas 25 webs deben de ser una fuente de inspiración para ti. Observa y analiza los siguientes aspectos:
- Qué hacen
- Cómo lo hacen
- Qué categoría o categorías trabajan
- Qué nicho o nichos atacan
- ¿Exprimen un subnicho?
- ¿Centran sus esfuerzos en un micro nicho?
- En qué se basa su contenido: reseñas, comparaciones, artículos, listados...

Una vez que hayas visto los 25 ejemplos, toma tus propias decisiones, emprende tu propio camino, prueba, práctica, equivócate, aprende, equivócate rápido y equivócate mejor.

Hay webs de Estados Unidos mientras que otras están ubicadas en España, si el inglés no lo dominas, instala la extensión de traducción de Chrome y la lengua de Mark Twain dejará de ser un problema. Google nos hace la vida fácil.

Extensión de Chrome:
https://play.google.com/store/apps/traductor

Analicemos estos 25 sitios web que utilizan el marketing de afiliación para obtener ingresos. Disfruta del viaje…

1. www.dealnews.com

Ofrecen diariamente a su comunidad las mejores ofertas y cupones detectados por su equipo de expertos. Visitas mensuales estimadas: **7.000.000**

Está web es un buscador de productos y ofertas de las siguientes categorías:
- Hogar y jardín
- Ropa y accesorios
- Salud
- Belleza
- Electrónica
- Informática
- Deportes
- Servicios financieros
- Regalos
- Juegos y juguetes
- Tarjeta regalo
- Películas música y libros
- Material de oficina
- Hogar domotizado
- Liquidaciones outlet
- Viajar
- Entretenimiento
- Automóvil

www.dealnews.com está adscrita y trabaja con los siguientes **programas de afiliación:**

1. Amazon
2. Home Depot
3. EBay
4. Macy´s
5. Sam's Club
6. Kohl's
7. Wayfair

Al colaborar con siete programas de afiliación puede ofrecer al usuario toda una variedad de excelentes productos, precios y ofertas, para que pueda escoger dónde comprar.

Idea clave
Contempla la posibilidad de trabajar en tu web de afiliados con varios programas, tal y como hace la gente de dealnews.com

---

También monetizan el tráfico de la web a través del programa de publicidad de Google Adsense, pero eso es otra historia.

En el momento de escribir este libro tienen listados en su web más de **5.000** productos. Son 5.000 anzuelos en la gran red de internet para tratar de pescar buenas comisiones.

Hagamos la siguiente hipótesis de posibles ingresos, supongamos que se dan estas circunstancias...
- 7.000.000 de tráfico mensual
- Dividido entre 5.000 productos analizados en la web
- Significa que, de media, cada artículo recibe **1.400** visitas mensuales.
- Supongamos una tasa de conversión del 3% = **42** ventas mensuales
- Comisión por venta= 5 dólares
  5.000 productos x 42 ventas (3%) x 5$ = 1.050.000 $ ingresos por afiliación

Tipo de contenido promocional publicado en la web:
En su blog publican guías de compra, consejos para ayudar a los clientes a mejorar su experiencia de compra online y adquirir las habilidades para saber obtener los mejores productos y al mejor precio. Ejemplos
- Cómo obtener un reembolso de Amazon por una entrega tardía
- Las mejores ofertas de herramientas de bricolaje
- Los 5 mejores colchones para bebés

2. www.thisiswhyimbroke.com

thisiswhyimbroke.com es una web para encontrar ideas de regalo únicas y maravillosas.
Visitas mensuales estimadas: **1.000.000**

Este sitio web destaca por sus divertidas y simpáticas descripciones de productos, por ofrecer a su comunidad un catálogo de artículos únicos, exclusivos y divertidos.

El diseño de este sitio web busca facilitar la usabilidad. Resulta muy fácil navegar por las distintas categorías.

Su éxito lo construyen a través de sus ingeniosas descripciones de productos, un catálogo plagado de artículos únicos, el diseño de la web y lo fácil que es explorar. Entretiene a los visitantes y hace que vuelvan una y otra vez. Ha conseguido fidelizarlos. Toma nota.

En este sitio web ofrecen listados de regalos para cada **ocasión:**
- Día del padre
- Día de la madre
- Regalos de San Valentín para ella
- Regalos de San Valentín para el
- Aniversario para ella
- Aniversario para
- Regalos de cumpleaños para el
- Regalos para navidad
- Regalos para cuando se obtiene la graduación
- Regalos en una petición de boda
- Regalos a los padrinos de boda
- Regalos a las damas de honor

También clasifican los regalos por **categorías**:
- Disfrutar de una **experiencia única:**
  - Disfrutar una noche en un hotel submarino, o en un iglú en el Polo Norte
  - Clase de cocina con un famoso y televisivo Top Chef.
- Regalos **personalizados**
- Trabajar **desde casa**
- **Graciosos. Divertidos**
- Mundo **friki**
- Apasionados de series como **Star Wars, Star Trek** y **Galáctica**
- Mundo **Harry Potter**
- Accesorio de **viajes**
- Camping y **outdoor**
- Supervivencia y **Apocalipsis**...

Regalos por **destinatario**:
- Hombre
- Mujeres
- Padre
- Madre
- Niños
- Chicos adolescentes
- Chicas adolescentes
- Parejas
- Novio
- Novia
- Marido
- Esposa
- Padre y madre
- Compañeras de trabajo

3. www.buzzfeed.com

BuzzFeed es una empresa estadounidense de medios de comunicación digital centrada en el seguimiento del contenido viral. Visitas mensuales estimadas: **125.000.000**

Fue fundada el 1 de noviembre de 2006, en la ciudad de Nueva York, por Jonah Peretti y John S. Johnson III.

La firma se describe a sí misma como una "empresa de noticias y entretenimiento social" con un enfoque en los medios digitales y la tecnología digital con el fin de proporcionar las noticias de última hora más compatibles, informes originales, entretenimiento y vídeo"

Buzzfeed es información de actualidad, noticias de última hora, tiene concursos, vídeos, incorpora en su web recetas, manualidades, ideas ingeniosas de bricolaje, reciclaje, mascotas, negocios, redes sociales y también informa sobre tendencias.

Una de las vías para rentabilizar los 125 millones de usuarios que visitan su web mensualmente es a través del marketing de afiliación, haciendo reseñas de miles de productos que aportan valor a su comunidad

Ejemplo de contenido promocional:
- 55 juguetes de ciencia alucinantes que a los niños y a los adultos les encantará
- 51 increíbles regalos para amantes de la naturaleza. Recomendados por verdaderos exploradores, excursionistas y amantes del aire libre.
- 33 regalos para los amantes de los coches que harán que sus motores se aceleren
- 37 productos si su dormitorio tiene prácticamente cero espacio de almacenamiento

4. https://bestreviews.com

BestReviews es el sitio al que se debe acudir cuando está a punto de comprar algo.

Tienen desde mantas térmicas hasta camas elásticas y taladros inalámbricos, compara los mejores productos de miles de categorías para brindar los consejos de compra más confiables. Visitas mensuales estimadas: **7.000.000**

BestReviews es propiedad de Tribune Publishing (NASDAQ: TPCO). BestReviews está asociada con múltiples marcas de Tribune Publishing para llevar recomendaciones de productos a los consumidores y obtener comisiones sobre ventas.

En su web indican:
Echa un vistazo a nuestras reseñas antes de comprar cualquier cosa. ayudamos a garantizar que nunca termine con algo mediocre.
Hacemos que encontrar los mejores productos sea rápido y sencillo. Nuestros expertos investigan y prueban las cosas que está comprando, luego recomiendan las que mejor se adaptan a sus necesidades y presupuesto."
"Nuestro objetivo es facilitar la elección del mejor producto y que el usuario tenga confianza en su decisión de compra"

www.bestreviews.com/about-us

BestReviews dedica miles de horas a investigar, analizar y probar productos para recomendar las mejores opciones para la mayoría de los consumidores.

Fuente: bestreviews.com

Las categorías de productos que analizan son:
- Moda
- Accesorios de moda
- Automóvil
- Bebé. Niño
- Belleza y cuidado personal
- Baño
- Camping y outdoor
- Salud y bienestar
- Hogar
- Cocina
- Jardín y mascotas
- Música
- Servicios
- Deportes y fitness
- Zapatos
- Herramientas
- Juguetes y juegos
- Viaje
   Las reseñas de esta web suele seguir el siguiente esquema:
- Descripción de las características principales.
- Pros del producto. Aspectos positivos.
- Consideraciones negativas. Contras del artículo.

Al final de cada reseña incluye métricas del análisis que dan credibilidad a su investigación:

Veamos varios ejemplos de los diferentes tipos de reseñas que podemos encontrar en bestreviews.com:
- **Las mejores…**
    - Las mejores consolas de Nintendo

- Las mejores máquinas de coser
- Los mejores regalos del 2020
- **Las 5 mejores...**
Tipo de reseña basada en una descripción y comparar 5 excelentes opciones de productos de un nicho:
    - Las 5 mejores **neveras**
    - Los 5 mejores **iPhone**
    - Los 5 mejores **colchones para cunas**
- **Reseña tipo A vs. B,** del tipo: "La República contra el Imperio". "Blancas contra negras". En este caso se analizan dos productos o dos marcas que cumplen una misma finalidad. Por ejemplo:
    - Comparativa entre dos marcas de cintas de correr. **Peloton vs. Nordictrack**
    https://bestreviews.com/blog/peloton-vs-nordictrack

Los post del blog de bestreviews tienen una extensión entre **1.000 y 1.500 palabras**, con una cuidada estrategia SEO, que les permite posicionarse en los primeros puestos en Google.

5. www.safewise.com

En este sitio web prueban y comparan productos de seguridad para el hogar y las empresas, con el objetivo de que sus usuarios tomen decisiones de compra de manera inteligente y segura, nunca mejor dicho. Tráfico mensual estimado: **1.000.000** visitas.

Son reseñas honestas e imparciales sobre toda la gama de productos para seguridad de los hogares y de las empresas.

El lema de esta web es:

"Compra de forma inteligente. Vive seguro"

La **estrategia de contenido** y de marketing de afiliación de la web se basa en:
- **Guías** para compradores de seguridad
    - Los mejores sistemas de seguridad para el hogar.
    - Los mejores sistemas de seguridad para el hogar instalados por el propio inquilino. DYI

- o Los mejores sistemas de seguridad para el hogar con mascotas.
- o Las 10 mejores cámaras de seguridad inalámbricas de 2021
- **Reseñas** de marcas de seguridad
    - o Revisión de Vivint
    - o Revisión de Frontpoint
    - o Revisión de SimpliSafe
    - o Revisión de ADT
    - o Blue por ADT Review
- **Comparaciones** de marcas
    - o ADT vs Vivint
    Ejemplo:
    https://www.safewise.com/blog/adt-vs-vivint/
    - o ADT frente a Frontpoint
    - o Frontpoint vs Vivint
    - o SimpliSafe frente a Frontpoint
    - o SimpliSafe vs anillo
- **Proporcionan en el blog guías y recursos** de seguridad para el hogar, del tipo:
    - o Todo lo que necesitas saber sobre seguridad en el hogar.
    https://www.safewise.com/everything-you-need-to-know-about-home-security/
    - o ¿Cuánto cuesta un sistema de seguridad para el hogar?
    - o Cómo elegir un sistema de seguridad
    - o 10 formas sencillas de proteger tu nuevo hogar
    - o Qué hacer después de un robo
    - o Preguntas frecuentes sobre seguridad en el hogar

6. wirecutter.com

Es un sitio web de reseñas generalista. Abarca múltiples categorías. Número de visitas mensuales de promedio: **12.000.000**

Wirecutter ayuda a los usuarios a encontrar los mejores productos en una amplia variedad de categorías.

Wirecutter (www.nytimes.com/wirecutter) pertenece al New York Times (periódico digital con **376 millones** de visitas estimadas cada mes).

NYT, a través **wirecutter,** monetiza el tráfico con el marketing de afiliación.

Idea inspiradora

Sigue la estrategia de email marketing de Wirecutter. Envían diariamente a sus suscriptores un boletín con ofertas e información

---

Wirecutter ha conseguido crear una comunidad de seguidores leales, que confían en sus cuidadas y detalladas reseñas para tomar decisiones de compra, a cambio, el New York Times percibe una comisión por la intermediación en cada venta. ¡Todos contentos!

Categorías de productos analizados en Wirecutter:
- Popular.
  Por ejemplo, reseña sobre "La mejor sartén antiadherente"
- Hogar & Jardín
- Electrónica
- Dormir
- Cocina
- Accesorios
- Regalos
- Aire libre
- Estilo
- Viaje
- Salud y estado físico
- Bebé y niño
- Mascotas
- Pasatiempos y manualidades
- Software
- Oficina
- Motor
- Adulto
- Dinero

7. www.gearpatrol.com

Gear Patrol es una guía de compras para hombres, orientada al universo masculino, trata temas sobre tecnología, outdoor, estilo, accesorios, entre otros. Número de visitas mensuales estimadas a su web de: **4.000.000**.

Gear Patrol busca tener el formato y el estilo propio de una revista masculina. **For men only!**

Gear Patrol ofrece reseñas de productos de las siguientes categorías:
- Relojes
- Motor
- Comida y bebida
- Hogar
- Estilo
- Tecnología
- Outdoor
- Deporte

Ejemplos de reseñas de Gear Patrol:
- Los 13 mejores nuevos bourbon y whiskies de 2021 (hasta ahora)
- Los mejores kits de carretera que puede comprar
- Las mejores tablas de snowboard de 2021

Gear Patrol utiliza para su política de marketing de afiliación las siguientes redes sociales: Twitter, Facebook, Instagram, YouTube y Flipboard

8. www.revistagq.com

GQ en sus orígenes (1957) se llamaba Gentlemen 's Quarterly. Es una revista estadounidense mensual que busca brindar información a los hombres sobre temas de moda, estilo, cultura masculina. Tráfico mensual estimado: **5.000.000** visitas

Contiene artículos sobre: comida, cine, salud, sexo, música, viajes, deportes, tecnología y literatura.

GQ es considerada más exclusiva y sofisticada que otras revistas del mismo género, como Maxim y FHM.

GQ destaca por mostrar las últimas tendencias en moda masculina, zapatillas, series, películas, universo netflix, tecnología, iphone, amazon, deporte y negocios.

Ejemplos de reseñas que podemos encontrar en **GQ**:
- Las mejores zapatillas blancas de Nike, adidas, Vans, Reebok, Puma, New Balance...
- Las sudaderas de hombre que deberías tener porque nunca pasan de moda y combinan con todo
- 7 mochilas de Eastpak con descuento
- 15 mochilas de gimnasio que te animarán jubilar de una vez la tuya
- 13 zapatillas deportivas aptas para el regreso a la oficina

9.- www.younghouselove.com

Blog de reformas y decoración del hogar. Aportan consejos de bricolaje, decoración y manualidades. Tráfico mensual estimado: **400.000** visitas

Veamos diversos ejemplos de **contenido** que puede encontrar el usuario interesado en estos temas en la web:
- Guías de regalos navideños para todos.
- Regalos para adultos
- Cómo almacenar todo en una cocina pequeña
- Cómo limpiamos una alfombra de segunda mano sucia

10. www.pcworld.es

Pcworld proporciona información y consejos de expertos sobre portátiles, teléfonos inteligentes, sistemas operativos, auriculares, programas informáticos, alojamiento web, antivirus, tablets, en definitiva, sobre una amplia variedad de productos tecnológicos. Número de visitas mensuales estimadas: **1.000.000**

En PC World puedes leer tutoriales, reseñas y listados de productos con los mejores consejos. Categorías recogidas en PCWorld con reseñas:
- Smartphones

- Ordenadores
- Tablets
- Reviews
- Mejores Productos. Variada gama de productos y servicios tecnológicos
- Tutoriales
Ejemplo del contenido:
- Los 10 mejores móviles Android de 2021
- Las mejores phablets o móviles de tamaño grande de 2021
- Los mejores auriculares inalámbricos in-ear baratos de 2021
- Los mejores repelentes electrónicos de mosquitos de 2021

Veamos varios ejemplos de contenido publicado en PCWorld para aprovechar las campañas comerciales que hay a lo largo del año:

- Día de la madre: Mejores regalos tecnológicos para el día de la madre
- Día del libro: Dónde comprar libros online
- Sant Jordi: Las mejores floristerías online para enviar flores en el día de la madre

Por el tipo de reseñas y links, creemos que están asociados a los siguientes programas de afiliación:

- Amazon Associates
- Fnac
- Macnificos (Apple)
- El Corte Inglés
- PcComponentes
- Mediamarkt.

Utilizan una política de multiafiliado para ampliar surtido, opciones y propuestas a su comunidad.

11. www.xataka.com

www.xataka.com es una publicación digital sobre gadgets y tecnología. Analiza las últimas noticias y tendencias en móviles, tablets, informática, smartwatch, productos tecnológicos en general y ciencia actual. Número de visitas mensuales de media: **32.000.000**

Xataka es una publicación de Webedia orientada a todos los apasionados de la tecnología. Xataka se ocupa de contar de manera rigurosa y apasionada la actualidad tecnológica, y de analizar en profundidad los principales lanzamientos y compararlos con otros modelos similares.

"*Lanzada en 2004, Xataka se ha convertido en la publicación líder en tecnología en español, creando una comunidad de usuarios muy informados, influyentes y altamente participativos. Xataka es pasión por un futuro que ya se ha hecho realidad*"

https://www.xataka.com/quienes-somos

Xataka trabaja con varios programas de afiliación:
- Amazon
- Media Markt
- PCComponentes, entre otros.

Esta estrategia de estar asociado a varios programas de afiliación le permite en sus reseñas ofrecer una excelente información y dar la posibilidad al lector de elegir dónde quiere comprar.

Ejemplos de **reseñas** que puedes encontrar en **Xataka**:
- Realme 7 Pro, análisis. Esta experiencia y características por 300 euros lo ponen difícil a la competencia
- Sonos Roam, análisis: el altavoz más económico de Sonos es ya uno de los nuevos referentes entre los modelos Bluetooth
- Fitbit Ace 3, análisis: una pulsera de actividad sencilla para niños con el toque de la app de Fitbit
- Tecnología para mascotas: 19 dispositivos para alimentación, juego y vigilancia para tu perro o gato

12. www.headphonesaddict.com

headphonesaddict.com es un sitio web de marketing de afiliación centrado en el **Micronicho de auriculares.**

Ofrecen a los usuarios guías y reseñas que ayudan a tomar decisiones de compra. Número de visitas mensuales: **60.000**

Ordenan los productos analizados en las siguientes categorías:
- Auriculares. Visión global
- Deportivos

- Cancelación de ruido
- Baratos. Ofrece un listado de auriculares por debajo de 30 dólares, 50 dólares...
- Inalámbricos
- Con cable
- Game
- Diadema
- Altavoces
- Sobre el oído…

13. www.whathifi.com

whathifi.com ofrece reseñas sobre productos de alta fidelidad, cine en casa y tecnología.

Facilitan consejos, noticias, ideas, guías para simplificar la compra de tecnología y vídeos dando información relevante de los productos que analizan. Tráfico estimado mensual: **8.000.000** visitas.

Categorías de productos promocionados en whathifi :

- TVs
- Hi-Fi
- Home Cinema
- Accessorios
- Tablets & Smartphones
- Auriculares. Headphones
- Portátiles
- Streaming
- Digital TV Boxes
- Consolas de juegos
- Ordenadores todo en uno

Ejemplos de análisis y reseñas:
- Los mejores altavoces Bose 2021
- Las mejores barras de sonido Dolby Atmos 2021
- Revisión de Sony WH-1000XM4

14. www.thelabradorsite.com

Blog especializado en la raza canina **labrador retriever.** Esta web es una valiosa guía con información para comprar, criar y entrenar a los perros de esta raza, desde que son cachorros hasta que alcanzan la edad adulta. Tráfico mensual estimado: **1.000.000 visitas**

Es un sitio de nicho, para propietarias de perros de raza labrador. Ofrecen reseñas de productos para labradores de las siguientes categorías:
- Collares
- Juguetes
- Camas
- Accesorios
- Productos de higiene limpieza
- Alimentos
- Jaulas y transportines
- Collares
- Regalos para los amantes de los labradores a dos patas (…)

Este blog es un excelente ejemplo de cómo detectar y llegar a una comunidad específica, clara y concreta: "Los amantes de esta entrañable raza"

Ejemplo de **contenido** del blog:
- Consejos para criar un cachorro cuando trabajas a tiempo completo
- Métodos de adiestramiento de perros: elegir la forma correcta de adiestrar a su labrador
- Los mejores juguetes y juegos para los Labradores

15. www.mydogsname.com

Es un blog de nicho, es una web dedicada al primer animal domesticado por el Homo Sapiens y que desde entonces es su mejor amigo: el **perro**. Número de visitas mensuales de media: **735.000**

El creador de este blog ha elaborado todo un ecosistema alrededor de la herramienta que ayuda a los usuarios a elegir el nombre perfecto para su mascota.

Además, el blog tiene una tienda con todo los productos necesarios que necesita el propietario de un perro, divididos en las siguientes categorías:
- Juguetes
- Alimentación húmeda y seca
- Hogar
- Entrenamiento
- Higiene y limpieza
- Moda
- Jaulas y transportines

El programa de marketing de afiliados al que está adherido mydogsname.com es **Amazon Associates,** les paga una comisión del 6% de las ventas (tasa correspondiente en el primer semestre de 2021).

¿Adoras a los perros, a los gatos, los peces, las chinchillas, los periquitos? ¿Sí?, en este caso crear un blog y publicar consejos sobre sus cuidados, cría, higiene, alimentación…, es una excelente manera de ayudar, crear comunidad, divertirte y lograr tus objetivos financieros.

16. www.redcanina.es

Es una web española que difunde información útil a los amantes de los perros.

En este sitio puedes averiguar, qué playas en España permiten el acceso con tu mascota, o a qué parques puedes ir con tu amigo canino, o alojamientos que admiten perros (hoteles, apartamentos, camping…).

Tráfico medio mensual: 833.000 visitas a la web

En definitiva, aporta información útil. Hay publicados infinidad de datos y consejos para viajar con tu perro, sus cuidados, cría y adiestramiento.

En la página dedicada a la tienda hay una variedad de productos para perros, con reseñas, consejos y los típicos... " Los mejores....", buscando transmitir información útil y facilitar la decisión de compra.

Permíteme que insista...

Alrededor de algo que adoramos, en este caso nuestra mascota de 4 patas, podemos crear un modelo de negocio basado en el marketing de afiliación.

¿Que lo tuyo son los gatos? Pues, un blog de gatos...
Si en tu caso no te van las mascotas y sí practicar deporte...
¿Qué tal un blog con información útil para los practicantes de tu deporte favorito?
Bloguea de lo que te apasiona y monetiza...€€€€€

---

17. ¿Alguien habló de gatos?... www.para-gatos.net

Blog español especializado en el mundo de los gatos. Ofrece consejos sobre salud, cuidados, alimentación y cría. Tráfico mensual estimado: **100.000 visitas**

... Hey, eso son muchos miaus :)

Categorías con reseñas de productos que encontraremos en esta web:
- Alimentación
- Higiene y salud
- Juguetes
- Accesorios Hogar
- Arenero
- Camas
- Comedero y Bebedero
- Rascadores
- Viajar y pasear

Ejemplo de contenido:
- ¿Qué Juguete para gatos comprar? Mejor juguete para gatos por calidad y precio
- ¿Cuál es el mejor champú para gatos?

- Las vitaminas y complementos alimenticios para gatos

Estamos ante otro excelente ejemplo de convertir ilusión, cariño, ocio en negocio, de transformar la pasión por los gatos, en un emprendimiento rentable basado en el marketing de afiliación.

Monetiza aprovechando tus pasiones

18. www.juguetesparapajaros.com

Esta web es un ejemplo de **Micronicho:** los juguetes para los pájaros.

Su creador lucha por obtener una porción del tráfico, de las alrededor de 15.000 a 20.000 búsquedas mensuales de: "juguetes para pájaros" entre todos los países de habla hispana

Este blog monetiza a través de las comisiones de **Amazon Associates.** Tráfico medio de visitas mensuales estimadas: **750**

Recuerda que Amazon paga a sus afiliados por la venta de los productos de la categoría "mascotas", una comisión del 6% (2021).

Hay otros programas de afiliación que abonan un porcentaje de comisión superior, es el caso de https://www.zoobio.es/page/affiliates retribuye el 10%.

Analiza este programa, estudia si te interesa como alternativa al programa de afiliados de Amazon o puedes asociarte y trabajar con los dos programas de afiliados. Tú decides.

Ejemplo de **contenido** de este blog:
- **Comparativa de los mejores juguetes para agapornis.**

19. www.preparateparaelfin.com

Blog dedicado a todas las personas preocupadas por la supervivencia en situaciones catastróficas. Este sitio difunde consejos y reseñas sobre: accesorios de supervivencia para la montaña, camping, fuertes nevadas…, o cómo hacer frente al Fin del Mundo. Tráfico medio de visitas mensuales estimadas: **1.000**.

El blog cuenta con una variedad de artículos que ayudan a sobrevivir ante situaciones críticas de supervivencia.

Se trata de una excelente web para los usuarios preocupados por el día del fin del mundo (esperemos que tarde en llegar...), también para todos los amantes de la naturaleza y de vivir aventuras al aire libre.

Ejemplo de **contenido**:
- Cómo estar preparado para una epidemia o pandemia mundial
- Las mejores riñoneras tácticas de estilo militar
- Las mejores gafas balísticas, tácticas y que te protegen del sol

20. www.equipamientotactico.net

Blog para los amantes de los uniformes y del mundo militar, si quieres o necesitas vestir como un militar, un policía o tener el equipamiento necesario para disfrutar de tus batallas de Airsoft, esta es tu web.

Tráfico medio de visitas mensuales estimadas: **14.000**

Este blog es una simple enumeración de productos, sin apenas reseñas o consejos. Se trata de listar productos y posicionar con una buena estrategia SEO.

Obtiene 14.000 visitas, no está mal para carecer de "sesudas" aportaciones. Categorías de productos recogidas en la web:
- Vigilante de seguridad
- Material Policial
- Ropa
- Accesorios
- Defensa personal

Categorías de la tienda:
- Equipamiento y Material Policial
- Equipamiento de seguridad
- Equipamiento para vigilante de seguridad
- Botas militares y tácticas
- Linternas Tácticas

- Kits de supervivencia
- Navajas militares y tácticas
- Chaquetas militares. Chaquetas tácticas
- Sacos de dormir militares
- Guantes tácticos para militares, policial, ejército, navy seals
- Raciones de emergencia
- Cinturones tácticos
- Pantalones tácticos militares
- Libros con técnicas tácticas y militares
- Mochilas tácticas de combate
- Llavero con alarma personal
- Carteras tácticas militares
- Relojes Militares
- Bolígrafos Tácticos
- Pintura de Camuflaje
- Chalecos Tácticos
- Camisetas tácticas
- Pistolas de Fogueo
- Comprar Mangas Anticorte
- Porras Extensibles
- Carteras Antirrobo
- Mochilas de hidratación
- Parches Militares
- Linternas Frontales
- Telémetros militares
- Riñoneras tácticas
- Guantes Anticorte
- Brújulas militares de combate
- Gafas policiales
- Pasamontañas militares
- Calcetines Técnicos
- Bolsas de combate
- Luces químicas
- Cantimploras militares
- Boinas y gorras militares
- Cuchillos de supervivencia
- Barritas energéticas

- Botas militares
- Mochilas antirrobo
- Mochilas militares
- Redes de camuflaje
- Gafas tácticas
- Gafas Balísticas
- Hornillos portátiles
- Pastillas potabilizadoras
- GPS de mano
- Pulseras de supervivencia
- Walkie talkies
- Máscaras antigás
- Tiendas de campaña militares
- Gafas de visión nocturna

21. www.blogcamping.com (Crónicas de un campista novato)
Se trata de un blog personal que incluye información sobre:
- Crónicas de viaje
- Información para campistas
- Consejos a seguir si compras una caravana
- Ideas y trucos de bricolaje para tener a punto nuestra caravana
- Cuidados y mantenimiento de caravanas, autocaravanas o furgonetas Camper.
- Recomendaciones para campistas
- Cocina para campistas
- (...)

Número de visitas mensuales estimadas: **8.500.**

22. www.todocamping.es

Web con información para los practicantes del camping y excursionistas.

Aborda también temas de supervivencia y Outdoor. Número de visitas estimadas al mes: 1.500. Este blog está especializado en todo tipo de material para hacer acampadas: Tiendas de campaña, mobiliario de camping, material de cocina y mucho más.

Las categorías de productos que hay listados en la tienda de todocamping.es:
- Tiendas de campaña
- Sacos de dormir
- Cocina
- Mobiliario
- Accesorios
- Caravanas

El blog de todocamping es una recopilación de consejos para campistas con links de afiliación para dirigir el tráfico a Amazon:

Ejemplos de reseñas y consejos qué podemos encontrar en todocamping:
- Conoce los 10 accesorios más útiles y vendidos para tu caravana
- Consejos para teletrabajar en una caravana
- Los mejores productos para el cuidado de una caravana
- Los mejores GPS para viajar en caravana
- 5 tips para evitar el calor en una caravana
- Los mejores productos y consejos para dormir seguro en una caravana
- Los 8 accesorios imprescindibles para convertir tu furgoneta en una caravana
- Los mejores productos para cocinar en una caravana
- Los mejores portabicicletas para ir de camping

Este sitio web tiene un defecto que debería corregir el administrador. El precio que indica la web no siempre coincide con el listado en Amazon, esto causa mala imagen del blog.

Idea clave

Querido lector, mostrar precios distintos en tu web y en Amazon no es profesional, resta credibilidad a tu portal, a tus consejos y a tus reseñas. Evítalo, que no suceda en tu blog. Queda fatal.

---

23. www.guitarra-acustica.com

Blog creado para la comunidad de amantes de la música, la guitarra acústica y clásica. Número de visitas mensuales estimadas: **15.000**.

El objetivo primordial de esta web es enseñar a tocar la guitarra acústica. El blog guitarra-acustica.com comparte contenido de tipo:
- Lecciones
- Partituras
- Tablaturas
- Consejos de compra
- Guías de compra
- Cómo hacer la puesta a punto de la guitarra
- Análisis de los distintos modelos de guitarras acústicas
- Vídeos
- Entrevistas
- Reportajes

24. www.7mejor.top

Sitio web de comparativas y guías de compra online. Número de visitas mensuales estimadas: **140.000**. Proporciona información de las siguientes categorías:
- Deportes
- Bicicletas eléctricas
- Pulsómetros
- Relojes deportivos
- Zapatillas trail
- Electrónica
- Ocio
- Hogar
- Cocina
- (...)

En la descripción de cada producto utilizan siempre el mismo esquema, está dividido en tres apartados:
1. Descripción del producto
2. Ventajas
3. Inconvenientes

Idea clave

Esta división en tres apartados es excelente, se trata de una estructura ganadora, tanto en diseño, como en vistosidad y claridad.

Además ayuda y mejora el posicionamiento SEO. Tenlo en cuenta de cara a tu estrategia como marketer.

El nombre del dominio **7mejor.top** es toda una declaración de intenciones sobre el contenido que vas a encontrar en esta web.

En general, de cada categoría reseñada enumeran una clasificación que recoge las mejores opciones de compra. Enumera de peor a mejor, desde la posición 7 a la 1. Por ejemplo:

- Las Mejores Bicicletas Eléctricas de 2021 – Guía y Comparativa
- Las 7 mejores proteínas de 2021

Hay clasificaciones y análisis que parten de la posición 10 en vez de la 7. Una comparativa con más productos tiene más opciones de posicionar, más opciones de atraer tráfico y más opciones de conversión. Por ejemplo:

- Los 10 mejores auriculares bluetooth de 2021
- Los 10 mejores juegos de mesa de 2021

Monetizan dirigiendo el tráfico a **Amazon** y cobrando las comisiones de cada venta intermediada.

Esta web, tanto por tráfico, como por la limpieza, simplicidad de diseño y contenido, es un modelo de web de marketing de afiliados excelente que debes tener en cuenta.

Se trata de un digno referente y ejemplo que debes tener en cuenta.

En la web 7mejor.top no publican los precios, en el botón indican solo: **VER PRECIO** y, redirigen a la web de Amazon donde el usuario verá el importe del producto y el resto de la información.

25. www.accesoriospatineteelectrico.com

Blog con información sobre patinetes eléctricos, E-Bikes y Accesorios. Proporciona comparativas y noticias de estos productos. Número de visitas mensuales estimadas: **85.000**.

Veamos varios ejemplos del tipo de **contenido** que esta web ofrece a los usuarios de los patinetes y de las bicicletas eléctricas:

Tipo listado:
- Los 10 mejores patinetes eléctricos de 2021: Comparativa y guía
- Los 10 mejores patinetes eléctricos de 2021: Comparativa y guía
- Los 5 mejores patinetes eléctricos Xiaomi de 2021: Comparativa
- Los 5 mejores patinetes eléctricos Xiaomi de 2021: Comparativa
- Los 8 mejores patinetes eléctricos Cecotec de 2021: Comparativa
- Los 8 mejores patinetes eléctricos Cecotec de 2021: Comparativa
- Los 7 mejores cascos para patinete eléctrico de 2021: Comparativa y guía

Comparativa:
- Patinetes Cecotec Bongo vs Xiaomi Mi Electric Scooter: ¿Cuál es mejor? Comparativa 2021

Top:
- Los Patinetes Eléctricos TOP de este año 2021
- Análisis del patinete Cecotec Bongo Serie A: Opiniones del mejor patinete calidad precio
- Análisis del patinete Cecotec Bongo Serie A: Opiniones del mejor patinete calidad precio

Este sitio web colabora con varios programas de afiliación:
- Amazon afiliados
- storececotec.com
- alltricks.es

$ $ $ $ $

25 estimaciones de facturación.
Los resultados te llenarán de optimismo

Hemos visto 25 excelentes webs que monetizan con marketing de afiliación. Nos preguntamos, ¿qué potencial de ganancia pueden tener? Desconocemos sus beneficios exactos, pero podemos elaborar distintas hipótesis, contemplar distintos escenarios. Vamos a ello:

Hipótesis que hacemos:
- Tasa de conversión estimada: 3%
- Qué ganancias mensuales podrían obtener con una comisión por venta de: **5€, 20€, 30€, 50€**
- **Tráfico.** Utilizamos para los cálculos el indicado anteriormente en la descripción dada.

N°	WEB	Hipótesis de ganancias mensuales	
		5 €	20 €
1	dealnews.com	1.050.000 €	4.200.000 €
2	thisiswhyimbroke.com	150.000 €	600.000 €
3	buzzfeed.com	18.750.000 €	75.000.000 €
4	bestreviews.com	1.050.000 €	4.200.000 €
5	safewise.com	150.000 €	600.000 €
6	nytimes.com/wirecutter	1.800.000 €	7.200.000 €
7	gearpatrol.com	600.000 €	2.400.000 €
8	revistagq.com	750.000 €	3.000.000 €
9	auriculares-bluetooth	4.950 €	19.800 €
10	pcworld.es	150.000 €	600.000 €
11	xataka.com	4.800.000 €	19.200.000 €
12	headphonesaddict.com	9.000 €	36.000 €
13	whathifi.com/us	1.200.000 €	4.800.000 €

14	thelabradorsite.com	150.000 €	600.000 €
15	mydogsname.com	110.250 €	441.000 €
16	redcanina.es	124.950 €	499.800 €
17	para-gatos.net	15.000 €	60.000 €
18	juguetesparapajaros	113 €	450 €
19	preparateparaelfin.com	150 €	600 €
20	equipamientotactico.net	2.100 €	8.400 €
21	blogcamping.com	1.275 €	5.100 €
22	todocamping.es	225 €	900 €
23	guitarra-acustica.com	2.250 €	9.000 €
24	7mejor.top	21.000 €	84.000 €
25	accesoriospatineteelectr.	12.750 €	51.000 €

Nº	WEB	Hipótesis de ganancias mensuales	
		30 €	50 €
1	dealnews.com/	6.300.000 €	10.500.000 €
2	thisiswhyimbroke.com/	900.000 €	1.500.000 €
3	buzzfeed.com/	112.500.000 €	187.500.000 €
4	bestreviews.com/	6.300.000 €	10.500.000 €
5	safewise.com/	900.000 €	1.500.000 €
6	nytimes.com/wirecutter/	10.800.000 €	18.000.000 €
7	gearpatrol.com/	3.600.000 €	6.000.000 €
8	revistagq.com/	4.500.000 €	7.500.000 €
9	auriculares-bluetooth.com/	29.700 €	49.500 €
10	pcworld.es/	900.000 €	1.500.000 €

11	xataka.com/	28.800.000 €	48.000.000 €
12	headphonesaddict.com/	54.000 €	90.000 €
13	whathifi.com/us	7.200.000 €	12.000.000 €
14	thelabradorsite.com/	900.000 €	1.500.000 €
15	mydogsname.com/	661.500 €	1.102.500 €
16	redcanina.es/	749.700 €	1.249.500 €
17	para-gatos.net/	90.000 €	150.000 €
18	juguetesparapajaros.com/	675 €	1.125 €
19	preparateparaelfin.com/	900 €	1.500 €
20	equipamientotactico.net/	12.600 €	21.000 €
21	blogcamping.com/	7.650 €	12.750 €
22	todocamping.es/	1.350 €	2.250 €
23	guitarra-acustica.com/	13.500 €	22.500 €
24	7mejor.top/	126.000 €	210.000 €
25	accesoriospatineteelect.	76.500 €	127.500 €

Las siguientes tablas están ordenadas en función del tráfico mensual estimado, en las primeras posiciones las webs con menos tráfico.

N°	WEB	Hipótesis de ganancias mensuales	
		5 €	20 €
1	juguetesparapajaros.com/	113 €	450 €
2	preparateparaelfin.com/	150 €	600 €
3	todocamping.es/	225 €	900 €
4	blogcamping.com/	1.275 €	5.100 €
5	equipamientotactico.net/	2.100 €	8.400 €

6	guitarra-acustica.com/	2.250 €	9.000 €
7	auriculares-bluetooth.com/	4.950 €	19.800 €
8	headphonesaddict.com/	9.000 €	36.000 €
9	accesoriospatineteelectrico.com/	12.750 €	51.000 €
10	para-gatos.net/	15.000 €	60.000 €
11	7mejor.top/	21.000 €	84.000 €
12	mydogsname.com/	110.250 €	441.000 €
13	redcanina.es/	124.950 €	499.800 €
14	.thisiswhyimbroke.com/new/	150.000 €	600.000 €
15	safewise.com/	150.000 €	600.000 €
16	pcworld.es/	150.000 €	600.000 €
17	thelabradorsite.com/	150.000 €	600.000 €
18	gearpatrol.com/	600.000 €	2.400.000 €
19	revistagq.com/	750.000 €	3.000.000 €
20	dealnews.com/	1.050.000 €	4.200.000 €
21	bestreviews.com/	1.050.000 €	4.200.000 €
22	whathifi.com/us	1.200.000 €	4.800.000 €
23	nytimes.com/wirecutter/	1.800.000 €	7.200.000 €
24	xataka.com/	4.800.000 €	19.200.000 €
25	buzzfeed.com/	18.750.000 €	75.000.000 €

Nº	WEB	Hipótesis de ganancias mensuales	
		30 €	50 €
1	juguetesparapajaros.com	675 €	1.125 €
2	preparateparaelfin.com	900 €	1.500 €
3	todocamping.es	1.350 €	2.250 €
4	blogcamping.com	7.650 €	12.750 €
5	equipamientotactico.net	12.600 €	21.000 €
6	guitarra-acustica.com	13.500 €	22.500 €
7	auriculares-bluetooth	29.700 €	49.500 €
8	headphonesaddict.com	54.000 €	90.000 €
9	accesoriospatineteelect	76.500 €	127.500 €
10	para-gatos.net	90.000 €	150.000 €
11	7mejor.top	126.000 €	210.000 €
12	mydogsname.com	661.500 €	1.102.500 €
13	redcanina.es	749.700 €	1.249.500 €
14	thisiswhyimbroke.com	900.000 €	1.500.000 €
15	safewise.com	900.000 €	1.500.000 €
16	pcworld.es	900.000 €	1.500.000 €
17	thelabradorsite.com	900.000 €	1.500.000 €
18	gearpatrol.com	3.600.000 €	6.000.000 €
19	revistagq.com	4.500.000 €	7.500.000 €
20	dealnews.com	6.300.000 €	10.500.000 €
21	bestreviews.com	6.300.000 €	10.500.000 €

22	whathifi.com	7.200.000 €	12.000.000 €
23	nytimes.com/wire	10.800.000 €	18.000.000 €
24	xataka.com	28.800.000 €	48.000.000 €
25	buzzfeed.com	112.500.000 €	187.500.000 €

En función del tráfico, de la comisión que obtenemos por cada venta promocionada y de la tasa de conversión obtendremos una u otra cifra de ingresos.

Obtener importantes ingresos, depende del tráfico, su calidad, la elección del programa de afiliación y de los productos que vamos a promocionar. Solo de ti depende, de tu esfuerzo y perseverancia.

¿Con poco tráfico es posible tener ingresos importantes ? Sí, si se da alguna o varias de las siguientes hipótesis:

1. Obtenemos una **comisión elevada** de cada venta promocionada.
2. **Incrementamos** la "Tasa de Conversión". En las anteriores hipótesis hemos estimado que el 3% del tráfico de tu web al final acaba comprando en la web del comerciante, si mejoramos este porcentaje necesitaremos menos tráfico para alcanzar nuestros objetivos financieros. Aliexpress presume de tasas de conversión por encima del 30%.
3. Ambas. La suma de las dos anteriores hipótesis. Obtenemos **más ganancias** por cada venta y logramos **tasas de conversión superiores.**

Veamos un ejemplo, creamos un blog para proporcionar consejos a novatos en wordpress: crackswp.com. Obtenemos las siguientes métricas:

- 5.000 visitas al mes
- 5% conversión
- **40€** comisión por venta (alojamiento hosting + dominio…)
  Ganancia mensual = 10.000€
  Facturación anual = 120.000€

¿Cómo hemos hecho los cálculos?:
5.000 visitas x 0,05 conversión x 40€/comisión = 10.000€/mes
10.000€ x 12 meses = 120.000€ anuales
- Trabajando con programas de afiliación con comisiones de 50, 75 o 100€ los ingresos se disparan a 150K, 225K y 300K€ (en Hotmart tienes gran cantidad de productos digitales con elevadas comisiones).

¡Viva el marketing de afiliación!

Conversión estimada 5,00%

WEB	Visitas mes	Hipótesis de ganancias mensuales		
		15 €	25 €	40 €
crackswp.com	5.000	3.750 €	6.250 €	10.000 €
Ganancia anual:		45.000 €	75.000 €	120.000 €

Conversión estimada 5,00%

WEB	Visitas mes	Hipótesis de ganancias mensuales		
		50 €	75 €	100 €
crackswp.com	5.000	12.500 €	18.750 €	25.000 €
Ganancia anual:		150.000 €	225.000 €	300.000 €

$ $ $ $ $

Cómo hacer marketing de afiliación en redes sociales

En este capítulo vamos a estudiar cómo utilizar las redes sociales para promocionar nuestros enlaces de afiliados y obtener comisiones. Veamos las distintas estrategias de promoción que podemos adoptar en las redes sociales:

Instagram:
- Publica historias insertando enlaces de afiliados, compartiendo contenido del tipo: ventajas e inconvenientes del producto.
- Utiliza fotos de calidad.

Facebook
- Comparte contenido incluyendo tus links de afiliado, desde tu cuenta personal o de negocios.
- Participa en los grupos de Facebook de tu nicho o categoría.
- Crea tu propio grupo. Consigue liderar tu propia comunidad en Facebook

YouTube
¿Qué tal das en cámara? ¿Bien? ¿Te gusta? ¿Sí? Preparado y acción. Toma 1. Silencio. Rodamos.
- Graba vídeos que incluyan contenido de calidad, con información útil para tu comunidad. Ejemplo de contenido relevante para tus usuarios que generan tráfico a la web del comerciante, conversiones y comisiones:

    1.- Crea tutoriales .

    2.- Graba vídeos de productos con reseñas, unboxing, comparativas.

    3.- Comparte listados de tipo:
    - Los 5 mejores micrófonos para youtubers…
    - Las 5 mejores neveras portátiles…
    - Los 5 mejores móviles 5G de gama media...
- Inserta tus enlaces de afiliado en la descripción del vídeo. Recuerda mostrarte en todo momento honesto y sincero.

Recuerda que el éxito en el marketing de afiliación se basa en crear lazos a largo plazo con tu comunidad.

Twitter

Twitter es también otra excelente red social para tu estrategia de marketing de afiliación. Puedes:
- Aportar información de los productos que promocionas, listados, comparaciones.
- Difundir contenido relevante del nicho
- Vender productos

Ideas clave
Recuerda incluir en todas tus publicaciones en redes sociales un link que lleve a la página de aterrizaje para que el usuario pueda inscribirse a tu lista de correo.

Ofrece a cambio de la dirección de email algo gratuito (ebook, participar en un sorteo, webinario…). Cuanto más valioso perciba el regalo, mayor será tu cosecha de emails.

Tu listado de suscriptores es una importante fuente de ingresos.

$ $ $ $ $

La ruta del tesoro para lograr facturar 10.000 € mensuales. Guía paso a paso. Check List

Este capítulo es la **guía paso a paso** que debes seguir para triunfar, tener éxito y conseguir ingresos superiores a **10.000 €** todos los meses, gracias al marketing de afiliación.

Sigue esta ruta, es un esquema de todo lo que tienes que hacer, los pasos que debes seguir, qué tienes que hacer y cómo. Trabaja duro, persevera y lo conseguirás. Seguro, sin lugar a dudas.

Hora de actuar. Ponte a ello. El itinerario que te propongo es el siguiente:

1.- Conócete. Mira en tu interior:
- ¿Qué te gusta?
- ¿Qué actividades te hacen disfrutar?
- ¿Que te divierte?
- Enumera 10 actividades que disfrutas

2.- Establece objetivos Financieros.
- Decide tu plan financiero. Ingresos y gastos
- Establece objetivos mensuales de facturación.
- Decide el conjunto de acciones que debes acometer para cumplir el presupuesto de ingresos.
- En una hoja de cálculo crea un timing, un calendario con objetivos, acciones, fechas de cumplimiento, establece objetivos. **Fija metas y cuantifica.**

3.- Sé creativo. Hazlo distinto. No hagas más de lo mismo. Utiliza técnicas de creatividad, tipo:
- ¿Y si...?
- Tormenta de ideas (brainstorming)
- Sueña, deja volar tu imaginación

4.- Investigación de nichos
- Haz análisis de palabras clave de los nichos que quieres investigar
- Elige un nicho. Decide con cuál vas a trabajar

5.- Selecciona programa y productos de afiliación. Investiga de cada programa los siguientes aspectos:

- Tasa de comisión
- Tasa de conversión
- Duración de las cookies
- Solvencia financiera del comerciante
- Reputación
- Servicio al cliente
- Elige trabajar con programas que reporten ingresos recurrentes. Mes a mes

6.- Elige qué productos vas a promocionar. Estudia:
- Rendimiento previsto
- Tasa de conversión
- Siempre que puedas selecciona productos con ingresos o consumo recurrente
- Haz un listado de 10 productos que vas a empezar a promocionar

7.- Crea tu blog en wordpress. Necesitas:
- Dominio
- Hosting
- Instalar tu blog de WordPress en el hosting
- Selecciona una plantilla gratuita
- Crea el diseño y la apariencia del blog
- Instala y configura las extensiones (plugins)

8.- Redacta contenido de valor y único
- Investiga en **Quora** qué temas preocupan a tu comunidad
- Para inspirarte navega por Internet, visita blogs que tratan temas parecidos al tuyo.
- Qué suscita más interacciones en redes sociales, pregunta a tu comunidad qué temas les gustaría que tratases en el blog...
- Redacta publicaciones útiles, que solucionen problemas y solo se encuentren en tu blog
- Sé distinto. Sé diferente, bien por lo que dices o cómo lo dices
- Confecciona un calendario de publicaciones, hazlo público y respétalo

9.- Inserta tus links de afiliado en el contenido de valor y único que has generado

10.- Desarrolla la estrategia para crear tu lista de suscriptores y hacer email marketing.
- Decide que plugins vas a instalar en tu WordPress que te facilitan esta tarea
- Suscríbete a una herramienta de email marketing que podría simplificar todas las acciones necesarias (autorespondedores, segmentar, automatizar envío de newsletter, crear embudos de venta…)

11.- Implementa estrategias para lograr **conseguir tráfico a tu blog.** Recuerda repasar las 15 opciones son:
- Crea contenido de valor. Post publicados en tu blog con información relevante para la comunidad que te sigue, es lo que llamamos Marketing de contenidos o Inbound Marketing.
- Haz SEO. Aplicar estrategias de posicionamiento orgánico para que tu contenido de valor aparezcan en las primeras posiciones en Google
- Escribe en calidad de invitado en blogs de temática similar al tuyo
- Deja comentarios en blogs afines
- Comparte el contenido en tus Redes Sociales
- Incluye la dirección de tu blog en todas las firma de tus emails
- Email marketing. Crea tu listado de suscriptores y transforma tu audiencia en comunidad.
- Responde preguntas en Quora
- Graba y difunde vídeos en YouTube. En la La descripción de cada uno incluye el dominio de tu blog y los links de los productos promocionados
- Webinars en directo, haz publicidad de tu blog.
- Redes sociales. Facebook, Instagram, Twitter…, en cada publicación que compartas en redes sociales incluye tus links de afiliación.
- Plataforma de mensajería instantánea como whatsapp o telegram

- Incluye la dirección del blog y enlaces de afiliación en el contenido que crees en formato eBook, o en PDF, en presentación en power point (...)
- Quizás desde un podcast...
- Participando en foros, Aporta contenido de valor incluye tus links de afiliado.

12.- Analiza los datos en Google Analytics.
Investiga:
- Tráfico a tu web
- Demografía del tráfico a tu web
- Páginas más vistas
- Tasa de conversión
- Productos promocionados que más convierten

13.- Prueba. Equivócate.
Corrige y aprende de los errores. Equivócate cada vez menos y mejor.

14.- Mejora tus habilidades.
Práctica la mejora continua. Elabora un plan de formación encaminado a desarrollar tus habilidades duras y blandas.

15.- Hazlo escalable.
Cuando domines todas las fases del marketing de afiliación y hayas obtenido éxito con tu primer blog de afiliados. Replica tu sistema. Crea más blogs relacionados con más temas que despiertan tu interés. Sigue creciendo.

Amiga emprendedora, actúa, **toma acción, empieza ahora, en este momento,** pon los cimientos para conquistar tu **tranquilidad financiera.** Ésta llegará cuando tus ingresos igualan a tus gastos.

"Cuando dudes de actuar, siempre entre hacer y no hacer escoge hacer.
Si te equivocas tendrás al menos la experiencia"
Alejandro Jodorowsky

$ $ $ $ $

Hola. Soy Jack

Este libro no trata de mi. Trata de cómo ayudarte para que obtengas rápidamente 10.000 € mensuales gracias al marketing de afiliación o un importe mucho mayor.

No obstante, no quería finalizar sin un breve comentario sobre mí. Me conoces como **Jack S. Hood**, se trata de un seudónimo, soy tremendamente celoso de mi intimidad y, como solemos decir en las organizaciones, de perfil bajo.

Servidor, su alter ego, soy un directivo que ha transitado por grandes corporativos, tengo experiencia internacional y emprendedora.

Lector empedernido, soñador, recolector de experiencias y mentor (por lo menos lo intento) de almas inquietas que buscan mejorar día a día como personas y profesionales.

Marketing de afiliados fácil. 0 € - 10.000 € mensuales. Guía para principiantes 2021, es el primer manual de toda una serie para que obtengas tu independencia de jefecillos tarados y busques tu camino profesional de manera fácil y divertida.

Si te ha gustado este manual, sería estupendo que hicieses una valoración honesta y sincera del libro en la web de Amazon. ¡Gracias por tu tiempo!

Cualquier aspecto de mejora, temas a incluir o aspectos que quieras comentar no dudes contactar conmigo en:
jack.stan.hood@gmail.com

Suerte en el camino. En tu camino. Espero que hayas disfrutado de la lectura y sea útil para tus propósitos.

Un fuerte abrazo. Jack

*"El destino mezcla las cartas.
Nosotros las jugamos"*

Arthur Schopenhauer

www.ingramcontent.com/pod-product-compliance
Lightning Source LLC
Chambersburg PA
CBHW052319220526
45472CB00001B/188